CW01640428

ex

nice et la côte d'azur

Portion de la région Provence-Alpes-Côte d'Azur qui correspond aux départements des Alpes-Maritimes et du Var.

Superficie: 10 267 km^2 (Alpes-Maritimes et Var)

Population: 2,1 millions d'habitants (343 000 à Nice, 170 000 à Toulon, 75 000 à Antibes, 74 000 à Cannes, 51 000 à Grasse)

Point le plus élevé: mont Gélas (3 143 m), dans le massif du Mercantour

Langue: français

Monnaie: euro

Fuseau horaire: UTC +1 (hiver)/ UTC +2 (été)

ULYSSE

Crédits

Mise à jour de la 2e édition : Louise Gaboury
Éditeur : Pierre Ledoux
Adjointe à l'édition : Rachel Labrecque
Recherche et rédaction antérieures, incluant des extraits du guide Ulysse *Provence – Côte d'Azur* : Benoit Éthier, François Hénault, Pierre Longnus, Hans Jörg Mettler, Sarah Meublat
Correction : Pierre Daveluy
Conception graphique et conception de la couverture : Philippe Thomas

Cartographie : Annie Gilbert
Mise en page : Judy Tan
Photographies : Première de couverture : *Promenad des Anglais, Nice* © iStockphoto.com/gronimo. Quatrième de couverture : *Trophée d'Auguste, La Turbie* © iStockphoto.com/gianliguori. *Littoral azuréen dans la région de Ramatuelle.* © iStockphoto.com/Flavio Vallenari. *Port de Saint-Tropez* © iStockphoto.com/Breigouze.

Cet ouvrage a été réalisé sous la direction de Claude Morneau.

Remerciements

Louise Gaboury : merci à Michel Caraisco, Florence Lecointre, Michel Dalmas, Karin Osmuk, Christine de La Forêt e Caterina Prochilo, ainsi qu'à Debbie Cabana et Caroline Gagnon d'Air Transat pour leur aide.

Nous reconnaissons l'appui financier du gouvernement du Canada.

Nous tenons également à remercier le gouvernement du Québec – Programme de crédit d'impôt pour l'édition de livres – Gestion SODEC.

Guides de voyage Ulysse est membre de l'Association nationale des éditeurs de livres.

Note aux lecteurs

Tous les moyens possibles ont été pris pour que les renseignements contenus dans ce guide soient exacts au moment de mettre sous presse. Toutefois, des erreurs peuvent toujours se glisser, des omissions sont toujours possibles, des adresses peuvent disparaître, les prix et les horaires peuvent changer, etc.; la responsabilité de l'éditeur ou des auteurs ne pourrait s'engager en cas de perte ou de dommage qui serait causé par une erreur ou une omission. Par ailleurs, il incombe au voyageur de s'informer des conseils et avertissements émis par les auto compétentes du gouvernement de son pays au sujet des pays et régions qu'il compte visiter.

Écrivez-nous

Nous apprécions au plus haut point vos commentaires, précisions et suggestions, qui permettent l'amélioration constante de nos publications. C'est avec plaisir que nous offrirons un de nos guides aux auteurs des meilleures contributions. Écrivez-nous à l'une des adresses suivantes, et indiquez le titre qu'il vous plairait de recevoir.

Guides de voyage Ulysse
4176, rue Saint-Denis, Montréal (Québec), Canada H2W 2M5, www.guidesulysse.com, texte@ulysse.c

Les Guides de voyage Ulysse, sarl
127, rue Amelot, 75011 Paris, France, www.guidesulysse.com, voyage@ulysse.ca

Catalogage avant publication de Bibliothèque et Archives nationales du Québec et Bibliothèque et Archives Canada

Titre: Explorez Nice et la Côte d'Azur / Sarah Meublat.
Noms: Meublat, Sarah, 1982- auteur.
Description: 2e édition. | Comprend un index.
Identifiants: Canadiana 20190019697 | ISBN 9782894645079
Vedettes-matière: RVM: Nice (France)—Guides. | RVM: Côte d'Azur (France)—Guides.
Classification: LCC DC801.N68 M48 2020 | CDD 914.49/4104—dc23

Toute photocopie, même partielle, ainsi que toute reproduction, par quelque procédé que ce soit, sont formelle interdites sous peine de poursuite judiciaire.

© Guides de voyage Ulysse inc.
Tous droits réservés

Bibliothèque et Archives nationales du Québec
Dépôt légal – Troisième trimestre 2020
ISBN 978-2-89464-507-9 (version imprimée)
ISBN 978-2-76585-996-3 (version numérique PDF)
ISBN 978-2-76585-997-0 (version numérique ePub)
Imprimé en Italie

sommaire

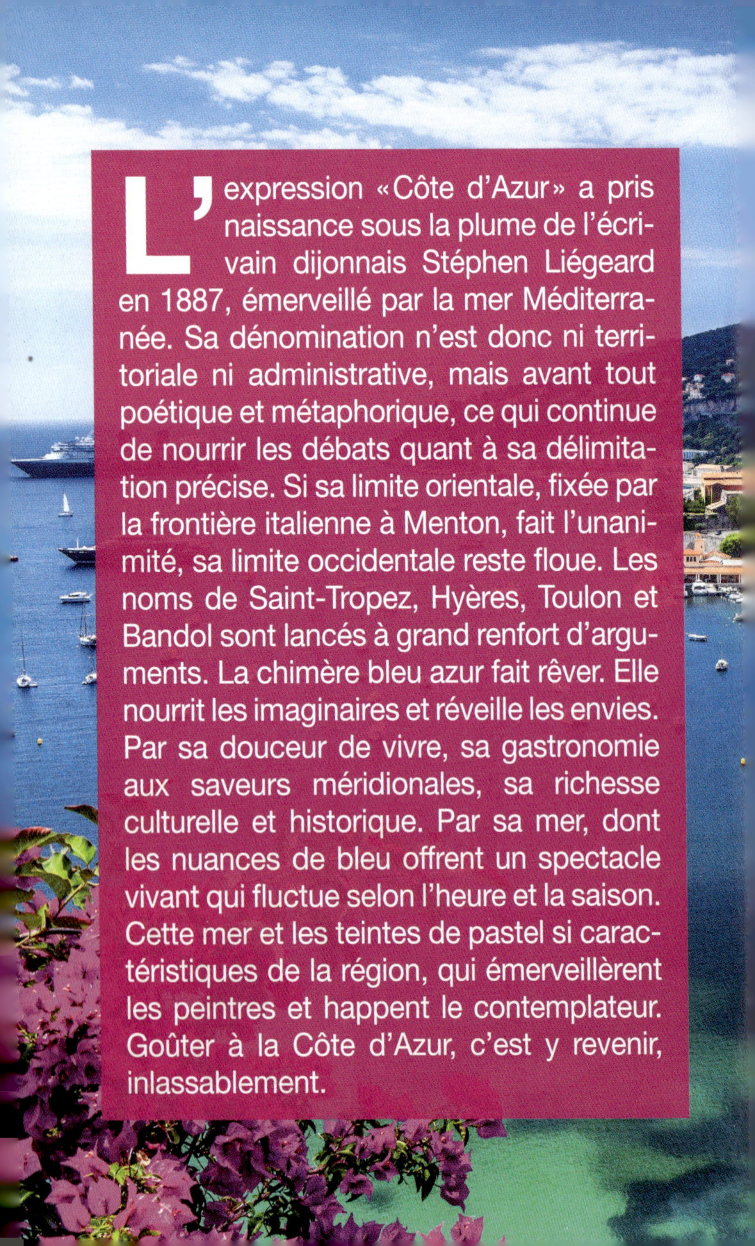

L'expression « Côte d'Azur » a pris naissance sous la plume de l'écrivain dijonnais Stéphen Liégeard en 1887, émerveillé par la mer Méditerranée. Sa dénomination n'est donc ni territoriale ni administrative, mais avant tout poétique et métaphorique, ce qui continue de nourrir les débats quant à sa délimitation précise. Si sa limite orientale, fixée par la frontière italienne à Menton, fait l'unanimité, sa limite occidentale reste floue. Les noms de Saint-Tropez, Hyères, Toulon et Bandol sont lancés à grand renfort d'arguments. La chimère bleu azur fait rêver. Elle nourrit les imaginaires et réveille les envies. Par sa douceur de vivre, sa gastronomie aux saveurs méridionales, sa richesse culturelle et historique. Par sa mer, dont les nuances de bleu offrent un spectacle vivant qui fluctue selon l'heure et la saison. Cette mer et les teintes de pastel si caractéristiques de la région, qui émerveillèrent les peintres et happent le contemplateur. Goûter à la Côte d'Azur, c'est y revenir, inlassablement.

Longtemps journaliste spécialisée en tourisme, **Louise Gaboury** se consacre maintenant à l'écriture de guides de voyage. Elle est tombée amoureuse de la Côte d'Azur il y a quelques décennies et la fréquente régulièrement depuis. Louise a notamment contribué à la rédaction des guides Ulysse *Fabuleuse France*, *Escale à Rome*, *Fabuleuse Italie du Nord* et *Fabuleuse Italie du Sud*.

Menton.

le meilleur de nice et la côte d'azur

nice et la côte d'azur

En 10 images emblématiques

1

Les façades colorées d'influence italienne, comme on en trouve à Menton (p. 59)

2

Une vue depuis la corniche entre Villefranche et Saint-Jean-Cap-Ferrat (p. 47)

La Croisette à Cannes (p. 107)

3

Un jardin exotique, comme celui d'Èze (p. 53)

4

5

Une plage et ses parasols, comme celle de Nice (p. 28)

8

Le Negresco à Nice (p. 28)

6

Des pins parasols sur fond de ciel bleu

9

Fruits et légumes dans un marché provençal, comme celui de Toulon (p. 187)

7

Un bateau filant au vent

10

Le port d'Antibes avec ses immenses yachts (p. 101)

En quelques heures

- Découverte du centre de Nice, depuis la place Masséna jusqu'au Vieux-Nice. Visitez le Palais Lascaris (p. 29) et le Cours Saleya (p. 29). Pour une vue sur la baie des Anges, montez sur la Colline du Château (p. 29). Terminez votre balade en longeant la célèbre promenade des Anglais (p. 28).

En un week-end

Ce qui précède plus...

- Une visite du Musée National Marc Chagall (p. 39), du Monastère franciscain (p. 38) et des arènes (p. 38) sur les hauteurs de Cimiez. Redescendez ensuite le long de la promenade du Paillon (p. 29).
- Arrêt au marché aux fleurs du Cours Saleya, avant de rejoindre la citadelle de Villefranche-sur-Mer (p. 42) par la Basse Corniche. Longez à pied la mer jusqu'au port de la Darse (p. 46), puis revenez dans la vieille ville. Visitez la Villa Kérylos à Beaulieu-sur-Mer (p. 50), puis la Villa Ephrussi de Rothschild et ses sublimes jardins à Saint-Jean-Cap-Ferrat (p. 48). Baignez-vous à Paloma Beach (p. 48), avant de remonter le long de la Haute Corniche vers le village médiéval d'Èze et son jardin exotique (p. 53).

En une semaine

- Les amateurs de plages, d'activités nautiques et de plongée s'installeront sur le littoral entre Saint-Tropez et Cannes. Le séjour pourra comporter des excursions aux îles d'Hyères (p. 176), aux îles de Lérins (p. 111), à Antibes (p. 100), à Menton (p. 59), voire à Monaco (p. 68), sur les plages de Ramatuelle (p. 161), au Domaine du Rayol (p. 171) et le long de la Corniche d'Or (p. 139).
- Ceux qui préfèrent la nature et les loisirs de plein air opteront pour les villages médiévaux de l'arrière-pays (Grasse, Tourrettes-sur-Loup, Saint-Paul-de-Vence, Gourdon, Roquebrune-sur-Argens). Au programme, excursions de randonnée pédestre ou cycliste dans les Gorges du Loup (p. 130), le long de la Siagne (p. 126) et sur les flancs escarpés du **massif de l'Estérel** (p. 145) ou du massif des Maures (p. 164), et visite des plus beaux musées de la Côte d'Azur (Fondation Maeght, p. 135; Musée national Fernand Léger, p. 100; Musée Renoir, p. 94).

En deux ou trois semaines

- L'idéal pour saisir toutes les spécificités et richesses de la Côte d'Azur est d'y séjourner trois semaines. Vous pourrez alors découvrir la vallée des Merveilles (p. 78) et y faire de magnifiques randonnées. Mais un séjour de deux semaines vous permettra quand même de combiner un parcours le long du littoral (visite des îles, farniente à la plage et sorties culturelles dans les musées majeurs de la Côte d'Azur) avec un circuit dans l'arrière-pays, où l'authenticité des villages perchés, leur histoire et leur gastronomie émoustilleront vos sens.

En 10 repères

1 Belle Époque

L'élite mondiale en villégiature hivernale sur la Côte d'Azur a joué un rôle majeur, du milieu du XIXe s. jusqu'au début de la Première Guerre mondiale, dans l'élaboration de son patrimoine architectural dit « Belle Époque ». La commande privée représenta ainsi d'abord l'essentiel de la construction, suivie dès 1900 d'initiatives collectives, dont les célèbres palaces hôteliers. Cette explosion architecturale fit travailler notamment les fameux Charles Garnier et Gustave Eiffel.

2 École de Nice

À la fin de la Seconde Guerre mondiale, un important courant artistique voit le jour à Nice sous l'impulsion de l'artiste Yves Klein. Connu pour avoir créé une couleur bleu profond, il organise également des happenings qui mettent en vedette de jolies jeunes filles nues et enduites de peinture fraîche, qui dansent et glissent sur des toiles vierges. De nos jours, deux artistes se démarquent dans le style français du Nouveau Réalisme : Ben, devenu célèbre pour son exploitation de « l'art graffiti », et César, connu pour ses sculptures d'objets compressés.

3 Festival de Cannes

Le Festival de Cannes, appelé le Festival International du Film de Cannes jusqu'en 2002, est l'événement cinématographique le plus médiatisé au monde, ce qui permet à la petite ville de Cannes, voire à toute la Côte d'Azur, de cultiver son image mythique et *glamour*. Le premier Festival

de Cannes était prévu en septembre 1939, en réaction au couronnement du film *Les Dieux du Stade* à la Mostra de Venise en 1938 sous l'influence de Berlin. Mais quand Louis Lumière, son premier président, arrive à Cannes, l'Europe bascule dans la guerre. Ce qui devait être le «festival du film du monde libre» est annulé jusqu'au retour de la paix, en 1946.

4 Fleurs

La diversité des paysages et la douceur du climat ont fait de la Côte d'Azur une terre de prédilection des fleurs et des senteurs. Nés des rêves de voyageurs en contrées exotiques et d'artistes botanistes, de splendides jardins et parcs jalonnent la Côte d'Azur et son arrière-pays. Luxuriance et couleurs se mêlent dans une harmonie poétique: bougainvilliers, violettes, roses, jasmin, mimosas, lavande, œillets, orangers, citronniers, lantanas et ipomées côtoient les oliviers, pins, vignes et caroubiers. Sans oublier les espèces exotiques: palmiers, agaves, bananiers, eucalyptus, hibiscus, figuiers de Barbarie et aloès resplendissent sous le ciel bleu azur.

5 French Riviera

Le premier nom donné à la Côte d'Azur fut «French Riviera». Ce sont les aristocrates anglais, qui avaient pour habitude, au XVIIIe s., d'y venir en cure thermale l'hiver, qui la baptisèrent ainsi en référence à sa situation unique entre terre et mer.

En 10 repères *(suite)*

6 Henri Matisse

Matisse est l'un des peintres qu'on identifie le plus à la Côte d'Azur. Il y a séjourné et travaillé pendant de nombreuses années, laissant un héritage important que relate le Musée Matisse à Nice. La Chapelle du Rosaire, à Vence, l'un de ses chefs-d'œuvre les plus emblématiques, constitue le premier monument réalisé dans sa totalité par un artiste français, de l'architecture au mobilier et aux vitraux.

7 Pablo Picasso

De 1920 jusqu'à sa mort en 1973, Pablo Picasso passa ses étés entre le Cap d'Antibes, Vallauris et Mougins. Fasciné par la Côte d'Azur, il y créera de nombreuses œuvres et y laissera des traces devenues aujourd'hui incontournables: 4 000 céramiques, l'une des sculptures de *L'Homme au mouton* et la fresque *Guerre et Paix* à Vallauris, sans oublier le Musée Picasso à Antibes.

8 Route des Bréa

La région du comté de Nice conserve encore aujourd'hui un grand nombre de peintures du XVe s. jusqu'au milieu du XVIe s. Certaines de ces œuvres furent très influencées par les styles baroque et gothique propres à la Renaissance italienne. Les plus récentes, qui remontent au milieu du XVIe s., sont attribuées à l'artiste niçois François Bréa. Mais

c'est l'œuvre de Louis Bréa qui est réputée la plus riche et la plus représentative de cette époque, en plus d'être connue notamment pour ses superbes retables.

9 Route Napoléon

Après neuf mois d'exil sur l'île d'Elbe, Napoléon Bonaparte débarque, le 1er mars 1815, avec 1 200 hommes sur les plages de Golfe-Juan. Décidé à reconquérir son trône, il entreprend alors une remontée vers Paris depuis les Alpes-Maritimes. Une épopée historique de 20 jours dont le souvenir est retracé en 1932 par la création de la « Route Napoléon », la première route touristique de France. Longue de 314 km, elle traverse pas moins de 40 communes, quatre départements et deux régions, pour un périple d'exception entre mer et montagnes.

10 Sentier du Littoral

Autrefois appelé le « chemin des Douaniers », le sentier du Littoral a été créé au début du XIXe s. afin que les douaniers puissent surveiller et contrôler l'arrivée des bateaux. S'il a aujourd'hui perdu cette vocation, il est devenu un lieu de promenade spectaculaire, notamment le long de la côte entre Cannes et Saint-Tropez. Plusieurs tronçons ont ainsi été aménagés pour permettre d'aborder les zones les plus escarpées du littoral.

En 15 dates importantes

1 **900000 av. J.-C.:** Premiers signes de vie humaine sur la Côte d'Azur.

2 **3300 à 700 av. J.-C.:** Les 40 000 gravures rupestres retrouvées dans la vallée des Merveilles indiquent que le mont Bégo était le sanctuaire d'un culte à la fertilité.

3 **Ve s. av. J.-C.:** Les Grecs créent les villes de Nikaia (Nice) et Antipolis (Antibes).

4 **125 av. J.-C.:** Sous les attaques répétées des Celto-Ligures, les Grecs appellent leurs alliés romains en renfort. La romanisation de la région s'intensifie au fil des siècles.

5 **400:** Le moine Honorat et quelques compagnons arrivent sur l'île qui porte aujourd'hui son nom (Saint-Honorat). Ils y fondent l'une des plus importantes communautés de la région, les moines de Lérins.

6 **538:** Domination des Francs, qui voient se succéder les invasions barbares et sarrasines.

7 **1388:** À la suite d'une guerre de succession, la région se scinde en deux. La région niçoise reconnaît la souveraineté du duc de Savoie, tandis que celle de Grasse reste fidèle à la Provence.

8 **1481:** La région de Grasse revient à la Couronne de France.

9 **1780:** Nice devient la destination hivernale de prédilection des aristocrates anglais souffrant de problèmes pulmonaires ou de neurasthénie.

10 **1792:** Après avoir été deux fois conquis, puis abandonné par la France en 1713, le comté de Nice est réoccupé par les troupes révolutionnaires françaises avant d'être de nouveau cédé au royaume de Piémont-Sardaigne en 1814. Il est ensuite repris brièvement par Napoléon, qui débarque avec ses hommes le 1er mars 1815 sur la plage de Golfe-Juan et qui remonte jusqu'à la capitale par ce qui deviendra plus tard la «Route Napoléon».

11 **1860:** En récompense de l'aide de Napoléon III dans l'élaboration de l'unité italienne, le comté de Nice est offert à la France. Il est alors rattaché au réseau ferroviaire français, ce qui favorise l'essor du tourisme.

12 **1880-1914:** Jusqu'au début de la Première Guerre mondiale, le tourisme d'hiver connaît son apogée. Casinos, villas et hôtels sont construits dans un style connu aujourd'hui sous le nom de «Belle Époque».

13 **1939:** La Seconde Guerre mondiale éclate. Artistes, écrivains et intellectuels fuient Paris pour se réfugier sur la Côte d'Azur, alors en zone libre.

14 **1947:** Par un référendum, les villes de Tende et La Brigue, jusqu'alors restées italiennes, proclament leur désir d'être rattachées à la France.

15 **2011:** Création des musées **Fragonard** à Grasse, Bonnard au Cannet et Cocteau à Menton.

En 5 randonnées pédestres

1 La randonnée du Cap Bénat, qui vous mènera aux premières loges des îles de Port-Cros et du Levant (p. 173)
2 Le tour du Cap Ferrat, une magnifique promenade familiale pour découvrir les jolies villas Belle Époque qui se cachent derrière les pins (p. 49)
3 Le sentier des Plantes à Port-Cros : époustouflant, court mais sportif (p. 182)
4 Le sentier des Tuves, une promenade facile pour toute la famille le long des gorges de la Siagne (p. 126)
5 Les sentiers de randonnée balisés au cœur de la vallée des Merveilles depuis Castérino, dans le **Parc national du Mercantour**, une expérience inoubliable à la découverte des gravures rupestres (p. 89)

En 5 activités sportives

1 Plonger dans les profondeurs méditerranéennes du Parc national de Port-Cros, à la rencontre des murènes et des mérous (p. 181)
2 S'envoler en *kitesurf* sur les plages venteuses d'Hyères (p. 175)
3 Parcourir les eaux douces de l'Argens en kayak jusqu'à la mer au départ de Roquebrune-sur-Argens (p. 152)
4 Frapper des balles au Golf de Valescure à Saint-Raphaël, l'un des plus beaux parcours de la Côte d'Azur, entouré de pins parasols au pied du massif de l'Estérel (p. 146)
5 Parcourir la Via Ferrata des Comtes Lascaris à Tende (p. 90)

En 10 icônes architecturales

1 L'**Abbaye du Thoronet**, à l'architecture cistercienne si épurée qu'il s'en dégage une harmonie et une sérénité hors du commun (p. 169)

2 La Villa & Jardins Ephrussi de Rothschild, à Saint-Jean-Cap-Ferrat (p. 48)

3 La Villa Kérylos, à Beaulieu-sur-Mer (p. 50)

4 Cap Moderne, haut lieu de l'architecture moderne à Roquebrune-Cap-Martin, qui regroupe la villa E-1027 d'Eileen Gray et Jean Badovici, L'Étoile de Mer de Thomas Rebutato et le Cabanon de Le Corbusier (p. 57)

5 L'annexe ouverte sur la mer du Musée Jean Cocteau qui abrite la collection « Séverin Wunderman » à Menton, une œuvre magistrale signée par le célèbre architecte Rudy Ricciotti (p. 62)

6 Le Fort Royal, sur l'île Sainte-Marguerite (p. 112)

7 Le Casino de Monte-Carlo, de Charles Garnier (p. 74)

8 Le Château de La Napoule, reconstruit au début des années 1920 par le sculpteur américain Henry Clews et sa femme dans un esprit néo-médiéval fantasque étonnant (p. 138)

9 Le Trophée d'Auguste, érigé au Ier s. av. J.-C. à la gloire de l'empereur romain Auguste, sur les hauteurs de La Turbie (p. 55)

10 Le complexe résidentiel moderniste de Marina Baie des Anges à Villeneuve-Loubet, édifié par l'architecte André Minangoy entre 1969 et 1993 et labellisé « Patrimoine architectural du XXe siècle » (p. 97)

En 5 plages

1 La plage d'Argent à Porquerolles, dont les eaux turquoise invitent au voyage (p. 180)

2 La plage de Saint-Aygulf, pour son côté sauvage, entre dunes et étangs (p. 150)

3 La **plage de Pampelonne** à Ramatuelle, emblème du mythe tropézien (p. 162)

4 La minuscule plage Hawaï à Menton, pour une dernière baignade avant de passer la frontière franco-italienne (p. 64)

5 Les plages intimistes de Boulouris, nichées au creux de criques cristallines (p. 147)

En 6 vues exceptionnelles

1 La vue depuis le clocher de l'église Saint-Jacques-le-Majeur de Mougins (p. 119)

2 Les collines du pays de Grasse depuis le village perché de Gourdon (p. 129)

3 Le panorama époustouflant depuis la Moyenne Corniche, qui relie Saint-Jean-Cap-Ferrat à Èze (p. 51)

4 La rade de Villefranche-sur-Mer depuis le stationnement qui longe l'avenue Albert Ier et le boulevard Napoléon III (p. 43)

5 Le golfe de Saint-Tropez et le village depuis les hauteurs de la Citadelle (p. 158)

6 Le panorama à perte de vue sur toute la baie des Anges depuis le parc de la Colline du Château, à Nice (p. 29)

En 5 expériences authentiques

1 Souffler du verre avec des professionnels à Biot (p. 99)

2 Rejoindre les habitués pour une **partie de pétanque** en fin d'après-midi devant le Café de la Place, à Saint-Paul-de-Vence (p. 135)

3 Composer son propre parfum à Grasse (p. 126)

4 Suivre un atelier de cuisine provençale à l'Hostellerie Bérard & Spa, dans les environs de Bandol (p. 193)

5 Pique-niquer aux îles de Lérins, se perdre sur leurs sentiers à l'ombre des eucalyptus et se rafraîchir dans leurs petites criques aux eaux cristallines (p. 111)

En 5 jardins exceptionnels

1 Le jardin Maria Serena, dont la villa Belle Époque baigne dans un écrin tropical face à la mer et aux façades colorées du vieux Menton (p. 65)

2 Le Jardin exotique d'Èze, aménagé sur un piton rocheux à 429 m d'altitude, une pause nature entre ciel et terre (p. 53)

3 Les grandioses jardins thématiques ponctués de bassins et de jeux d'eau qui entourent la Villa Ephrussi de Rothschild, à Saint-Jean-Cap-Ferrat (p. 48)

4 Les jardins du MIP (Musée International de la Parfumerie) à Grasse, au mois de mai quand les rosiers sont en fleurs (p. 124)

5 Les jardins méditerranéens du Domaine du Rayol, une invitation au voyage et à la contemplation au Lavandou (p. 171)

En 10 sites culturels incontournables

1 Le Musée Renoir au Domaine des Collettes, à Cagnes-sur-Mer (p. 94)

2 Le Musée national Fernand Léger, à Biot (p. 100)

3 La **Fondation Maeght**, à Saint-Paul-de-Vence, et le labyrinthe de sculptures de Miró (p. 135)

4 Le Musée de l'Annonciade, à Saint-Tropez (p. 154)

5 Le Musée Picasso, à Antibes (p. 102)

6 Le Musée National Marc Chagall, à Nice (p. 39)

7 La Villa Carmignac, sur l'île de Porquerolles (p. 179)

8 La Chapelle Folon, à Saint-Paul-de-Vence, et son exceptionnelle mosaïque réalisée selon la technique de Ravenne (p. 134)

9 Le Musée National Picasso, installé dans la chapelle romane du Château-Musée Vallauris, dont les murs sont recouverts de la poignante fresque Guerre et Paix, peinte par Picasso en 1955 (p. 103)

10 Le Musée Jean Cocteau, à Menton (p. 62)

En 8 attraits et activités pour faire plaisir aux enfants

1 Le **Musée océanographique de Monaco**, un superbe musée qui domine la mer et possède une collection remarquable de faune marine (p. 68)

2 Une chasse au trésor dans les jardins du Château de La Napoule (p. 138)

3 Le Village des Tortues à Carnoules, pour contribuer à la protection de la tortue d'Hermann (p. 168)

4 Le Parc animalier et botanique de Sanary-sur-Mer, pour ses animaux exotiques et son fabuleux jardin (p. 190)

5 La Grotte de Saint-Cézaire, pour explorer ses galeries souterraines avec stalactites et concrétions étoilées (p. 126)

6 La Maison des Papillons – Musée Dany Lartigue à Saint-Tropez, un joli petit musée empreint de poésie (p. 155)

7 Une plongée guidée sur l'un des deux sentiers archéologiques sous-marins à Hyères (p. 175)

8 Le tour du Cap Ferrat, une magnifique randonnée accessible à toute la famille (p. 49)

En 10 spécialités culinaires

1 La salade niçoise, un traditionnel plat estival à base de thon ou d'anchois, d'œufs, de tomates et de cœurs d'artichauts (p. 32)

2 Le pan-bagnat, un petit pain fourré avec les ingrédients de la salade niçoise, au restaurant Le Kiosk, à Roquebrune-Cap-Martin (p. 58)

3 La pissaladière, sorte de tarte aux oignons caramélisés d'Ernest Traiteur, à Cannes (p. 114)

4 La **socca**, une grande galette à base de pois chiches, qu'on déguste brûlante après l'avoir salée et poivrée, chez René Socca, à Nice (p. 34)

5 La ratatouille, mélange de courgettes, d'aubergines, d'oignons et de tomates assaisonné d'herbes de Provence, d'ail et d'huile d'olive. À savourer dans la majorité des restaurants de cuisine nissarde, dont le Lou Pistou à Nice (p. 34)

6 Les beignets de fleurs de courgettes, une friture légère dont on se délecte au restaurant Cauvin chez Nana, à Peille (p. 83)

7 Les raviolis farcis à la daube, un traditionnel ragoût de viande marinée dans le vin, du Comptoir des Pâtes du Marché Forville, à Cannes (p. 115)

8 La tourte de blettes, spécialité sucrée-salée composée de blettes, de pignons et de raisins secs parfumés au pastis, à déguster au restaurant African Queen, à Beaulieu-sur-Mer (p. 51)

9 La tarte tropézienne à Saint-Tropez, là où cette brioche à la crème fut inventée (p. 159)

10 Les petits farcis (tomates, courgettes et poivrons évidés et farcis), chez Acchiardo, à Nice (p. 34)

En 6 tables gastronomiques

1 Les Bacchanales, à Vence, qui propose une fine cuisine de saison aussi bonne qu'artistique (p. 137)
2 L'Hostellerie Jérôme, dans le petit village de La Turbie, dont la cuisine imaginative et raffinée est un hommage aux saveurs méditerranéennes (p. 55)
3 Mirazur, terrain de jeu du chef argentin Mauro Colagreco et l'un des meilleurs restaurants au monde (p. 67)
4 La Bastide Saint-Antoine de Jacques Chibois, à quelques kilomètres de Grasse: un délice des sens au cœur d'une oliveraie (p. 128)
5 La **Chèvre d'Or**, sur les hauteurs du village médiéval d'Èze, une expérience de haute gastronomie dans un décor somptueux (p. 54)
6 La Vague d'Or du chef Arnaud Dockele, à Saint-Tropez, une des grandes tables de France (p. 160)

En 5 excellentes tables régionales

1 L'École des Filles, à Bar-sur-Loup, un lieu insolite pour un excellent repas sur les bancs d'école (p. 131)
2 La Tonnelle, sur l'île Saint-Honorat, pour un repas gourmand les pieds dans l'eau (p. 116)
3 Au Vieux Four, à Gourdon, qui prône une cuisine du marché et de saison concoctée à la minute avec inventivité (p. 130)
4 La Cave de Tourrettes, à Tourrettes-sur-Loup, où bons vins et produits du terroir se conjuguent dans une atmosphère chaleureuse (p. 132)
5 Le Hussard, à deux pas du Cours Saleya, à Nice, une belle surprise culinaire dans une ambiance élégante et décontractée (p. 35)

En 5 souvenirs à rapporter

1 Une carafe en verre soufflé de Biot (p. 99)

2 Des pots en céramique de Vallauris (p. 103)

3 Un bijou inspiré de la Côte d'Azur et de la mer Méditerranée, fait main par la joaillière d'origine québécoise **Esty** dans son atelier du Haut-de-Cagnes (p. 95)

4 Un panier gourmand de spécialités régionales chez Cannolive, à Cannes (p. 114)

5 Un parfum fait sur mesure dans l'un des ateliers de parfumerie de Grasse (p. 126)

En 5 lieux d'hébergement de rêve

1 Les 4 éléments, un havre de paix et de quiétude baigné d'oliviers et d'œuvres contemporaines, à quelques minutes de Tourrettes-sur-Loup (p. 132)

2 Le Touring sur le port de Saint-Raphaël, un petit bijou qui ne compte que 10 chambres (p. 147)

3 Le Manoir, à Port-Cros, une superbe bastide où se connecter avec la nature (p. 184)

4 Le Mas de Pierre, à Saint-Paul-de-Vence, un havre de paix idyllique (p. 137)

5 Le Mas de Mougins, une adresse d'exception et de charme près de Cannes (p. 122)

découvrir

nice et la côte d'azur

1

Nice

Ville méditerranéenne ouverte sur la mer, **Nice** ★★★ jouit, avec ses 300 jours d'ensoleillement par an, d'un microclimat exceptionnel. Une douceur de vivre conjuguée à un rayonnement culturel et une certaine effervescence qui font de la capitale de la Côte d'Azur le deuxième pôle touristique international en France après Paris. Avec ses 7,5 km de plages, ses commerces, sa vie nocturne animée et sa gastronomie, la métropole de la Côte d'Azur ne manque pas d'atouts.

Le Vieux-Nice et ses environs

À voir, à faire

(voir carte p. 31)

Autour du Cours Saleya (voir plus loin) s'étend le **Vieux-Nice** ★★★, dont les ruelles étroites sont toujours animées. On se laisse porter par le flot en levant les yeux pour noter les détails architecturaux typiquement méditerranéens. Et on s'arrête pour boire un verre ou manger à l'une ou l'autre de ses terrasses.

Promenade des Anglais ★★ [1]

L'emblématique promenade des Anglais est le site par excellence pour faire de longues balades et admirer la mer Méditerranée, véritable mosaïque de bleus. C'est là que s'étirent les plages de galets publiques et privées de Nice et se dressent les grands hôtels qui accueillent encore aujourd'hui les célébrités de passage, dont le fameux **Negresco** *(37 prom. des Anglais)*, typiquement Belle Époque (malheureusement interdit aux visiteurs, il est toutefois possible d'y manger, voir p. 40).

Parc de la Colline du Château.

Parc de la Colline du Château ★★★ [2]

avr à sept tlj 8h30 à 20h, oct à mars tlj 8h30 à 18h; à l'extrémité est de la promenade des Anglais en allant vers le port – 90 m de dénivelé à monter à pied ou en ascenseur

Ce merveilleux parc est aménagé sur le lieu de la fondation de Nice par les Grecs. Depuis la **terrasse Frédéric-Nietzsche**, qui domine les ruines du château (XIe s.), appréciez la splendide vue sur la ville et la mer. Aire de jeux pour les enfants.

Cours Saleya ★★ [3]

Parallèle à la promenade des Anglais, le Cours Saleya est un passage obligé à Nice. On vient y acheter des fleurs le matin *(marché aux fleurs mar-sam 6h à 17h30, dim 6h à 13h30)*, siroter un café au soleil ou retrouver des amis pour prendre l'apéro et observer les passants. À l'angle de la place Pierre Gautier, la **chapelle de la Miséricorde** ★ [4] est l'œuvre d'un architecte piémontais du XVIIIe s. L'intérieur richement décoré vaut le coup d'œil.

Palais Lascaris ★ [5]

10€; mer-lun 11h à 18h, dès 10h en été; 15 rue Droite, 04.93.62.72.40

Bel exemple du style baroque niçois, cette maison aristocratique datant de 1648 a été rachetée en 1942 par la Ville de Nice, qui y a reconstitué une résidence de notables exhibant des salons aux plafonds peints et une pharmacie du XVIIIe s. Un escalier monumental mène aux appartements (décor et mobilier des XVIIe et XVIIIe s.). Belle collection d'instruments de musique.

Promenade du Paillon ★★ [6]

avr à sept tlj 7h à 23h, oct à mars tlj 7h à 21h

Ce parcours végétal et minéral s'étire de la promenade des Anglais

Le Vieux-Nice et ses environs

À voir, à faire ★

1. AZ Promenade des Anglais
2. EZ Parc de la Colline du Château/ Terrasse Frédéric-Nietzsche
3. CZ Cours Saleya
4. DZ Chapelle de la Miséricorde
5. DY Palais Lascaris
6. CY Promenade du Paillon
7. AZ Jardin Albert Ier
8. DX Musée d'Art Moderne et d'Art Contemporain (MAMAC)
9. BY Place Masséna

Activités ✸

10. BZ Nikaia Watersport

Achats ■

11. DZ Caves Caprioglio
12. DZ Ici-Là-Bas
13. DZ LAC Chocolatier
14. DY Le Goût de Nice
15. BZ Maison Alziari
16. DY Maison Barale
17. DY Trésors Publics

Cafés et restos ●

18. DZ Acchiardo
19. DY Chez Palmyre
20. CY Comptoir du marché
21. DY La Cave du Fromager
22. CY Le Bar des Oiseaux
23. CZ Le Hussard
24. CY Lou Pistou
25. DX René Socca

Bars et boîtes de nuit ☽

26. EX Le Comptoir Central Électrique
27. DZ Les Distilleries Idéales

Culture et divertissement ♦

28. CZ Opéra Nice Côte d'Azur
29. DX Théâtre National de Nice

Logement ▲

30. AY The Deck Hotel
31. BY Villa Saint-Exupéry Beach

jusqu'au **Théâtre National de Nice** (voir p. 36), offrant un poumon vert et un espace de détente au cœur même de la ville. Le **jardin Albert Ier** [7], l'un des plus anciens de la ville avec ses palmiers et ses roseraies, est désormais intégré à la promenade.

Musée d'Art Moderne et d'Art Contemporain (MAMAC) ★ [8]

10€; mai à oct mar-dim 10h à 18h, nov à avr mar-dim 11h à 18h; place Yves Klein, 04.97.13.42.01, www.mamac-nice.org

Le MAMAC en impose par son architecture ouverte sur la ville. On y va pour ses expositions temporaires,

Localisation
Menton
Grasse
Nice
MONACO
Draguignan
Cannes
Fréjus
Mer Méditerranée
Toulon
Saint-Tropez
Hyères
CARABACEL
LE PORT
MÉDECIN
VIEUX-NICE
Square Durandy
Place Wilson
Place Garibaldi
Place Masséna
Place Pierre Gautier
Place Vieille
Promenade du Paillon
Promenade des Anglais
Cours Saleya
Parc de la Colline du Château
Esplanade Georges Pompidou
CATHÉDRALE - VIEILLE VILLE
OPÉRA - VIEILLE VILLE
MASSÉNA
GARIBALDI
bd Dubouchage
av. Félix Faure
bd Jean Jaurès
av. de Verdun
av. des Phocéens
av. Jean Médecin
av. Saint-Jean-Baptiste
av. Saint-Sébastien
Quai des États-Unis
rue Tonduti de l'Escarène
rue Cassini
rue Catherine Ségurane
rue Bonaparte
montée Eberlé
montée Montfort
montée du Château
allée François Aragon
rue Rossetti
Mer Méditerranée
0
200
400m
©ULYSSE
a
b
c
d
e
x
y
z
N

La cuisine nissarde

Qu'on se le dise, il n'y a ni haricots verts, ni maïs, ni betterave, ni pomme de terre, ni riz dans la salade niçoise. À la suite d'ajouts erratiques, ce traditionnel plat estival à base de thon ou d'anchois, d'œufs, de tomates et de cœurs d'artichauts a bien failli perdre son âme. Cette menace a abouti à la création de l'appellation contrôlée «cuisine nissarde», qui vise à valoriser l'authentique cuisine niçoise proposée par une vingtaine de restaurants.

Parmi les autres plats niçois à goûter, ne manquez pas la socca (une galette de pois chiches originaire de la Ligurie voisine), la daube (un plat de viande mijotée), la pissaladière (une tarte à l'oignon), les petits farcis, la ratatouille, la tourte de blettes et le pan bagnat (un sandwich composé d'ingrédients similaires à la salade niçoise).

mais également pour sa collection permanente qui met à l'honneur l'école de Nice (Ben, Yves Klein) tout en alliant le Nouveau Réalisme européen (donation Niki de Saint-Phalle) et le pop art américain. Ne manquez pas le jardin des sculptures d'Yves Klein.

Place Masséna ★ [9]
Véritable point central de Nice, cette large place fut construite dans les années 1840 et rénovée en 2007. Elle marque le début de la rue piétonne Masséna, avec ses boutiques et ses restaurants, et de l'avenue Jean Médecin, l'artère commerciale la plus importante de la ville. C'est là que se trouvent notamment les Galeries Lafayette et le centre commercial Nicetoile. Remarquez les sept sculptures de l'artiste espagnol Jaume Plensa qui dominent la place; illuminées en soirée, elles composent une œuvre étonnante intitulée *Conversation à Nice*, qui symbolise les sept continents.

Activités *(voir carte p. 31)*

Activités nautiques

Nikaia Watersport [10]
à partir de 30€; mai à sept tlj 8h à 20h;
plage Beau Rivage, 107 Quai des États-Unis, 06.09.16.02.16, www.nikaiaglisse.com
Sur la plage Beau Rivage: parachute ascensionnel, planche hydropropulsée (*flyboard*), planche nautique (*wakeboard*), ski nautique.

Place Masséna.

Achats *(voir carte p. 31)*

Alimentation

Caves Caprioglio [11]
mar-sam 8h à 13h et 15h à 19h30, dim 8h à 13h; 16 rue de la Préfecture, 04.93.85.66.57, www.caprioglio.fr

Dans le commerce du vin depuis des décennies, cette caverne d'Ali Baba propose de tout, des vins de table aux grands crus.

LAC Chocolatier [13]
lun-sam 9h à 13h et 15h à 17h30, dim 9h à 13h et 16h à 19h; 12 rue de la Préfecture, 04.93.55.37.74, www.patisseries-lac.com

Établi depuis 1995, ce chocolatier, parmi les meilleurs de France, dispose de quelques adresses à Nice, dont celle-ci dans le Vieux-Nice. On peut s'y procurer chocolats fins, pâtisseries et macarons.

Le Goût de Nice [14]
juil et août tlj 10h à 20h, reste de l'année horaire variable; 34 bd Jean Jaurès, 04.97.13.55.80, www.facebook.com/legoutdenicesecretsetsaveurs

On y trouve plus de 200 produits locaux (vins, olives, tapenades, etc.).

Maison Alziari [15]
lun-sam 9h à 19h, dim 10h à 19h; 14 rue St-François de Paule, 04.93.62.94.03, www.alziari.com.fr

Depuis 1868, ce spécialiste des produits de l'olivier propose d'excellentes (mais chères) huiles d'olive, extraites selon les méthodes ancestrales, et de goûteuses olives, dont la célèbre petite olive de Nice.

Maison Barale [16]
mer-sam 8h à 13h et 15h30 à 19h, dim 8h à 13h; 7 rue Ste-Réparate, 04.93.85.63.08, www.maison-barale.fr

La référence pour les pâtes fraîches à Nice. Fondée en 1892 par Matteo

Barale, la maison en est à sa quatrième génération de vermicelliers. On y trouve notamment les raviolis traditionnels niçois farcis à la daube.

Souvenirs

Ici-Là-Bas [12]

lun-sam 11h à 19h; 37 rue Droite, 04.83.39.39.97, www.facebook.com/icilabasnice

Cette boutique éthique et solidaire vend des objets divers en fibres naturelles ou en matériaux recyclés et se double d'un petit café sympathique.

Trésors Publics [17]

tlj 10h30 à 19h30; 11 rue du Pont Vieux, 04.97.08.19.67, www.tresorspublics.com

Tout ce qui est vendu dans cette boutique au décor délicieusement rétro est fabriqué en France par des marques bien établies: papeterie, linge de maison, jouets, cosmétiques, vaisselle...

Cafés et restos

(voir carte p. 31)

René Socca € [25]

mar-dim 9h à 22h; 2 rue Miralheti, 04.93.92.05.73

Si la socca était une religion, René Socca en serait le temple. Les Niçois et les touristes s'y retrouvent à de grandes tables communes pour manger une socca goûteuse à dévorer agrémentée de sel et de poivre, ainsi que des petits farcis frais et fondants.

Acchiardo €€ [18]

lun-ven 12h à 14h et 19h à 22h; 38 rue Droite, 04.93.85.51.16

Cuisine méditerranéenne avec quelques spécialités nissardes, comme les délicieux petits farcis et l'omelette aux blettes (trouchia). Le service est souriant et la clientèle, plus locale le midi, se mêle aux touristes le soir. Réservations essentielles.

Chez Palmyre €€ [19]

lun-ven midi et soir; 5 rue Droite, 04.93.85.72.32

Une adresse historique et authentique pour des repas «comme à la maison». Déco rétro.

La Cave du Fromager €€ [21]

mer-lun 19h à 23h; 29 rue Benoît Bunico, 06.99.59.75.94, http://lacavedufromager.com

Ici, chaque plat est conçu autour d'un fromage. Un voyage sensoriel et gourmand qui étonne! Vins naturels.

Le Bar des Oiseaux €€ [22]

mar-sam 12h15 à 13h30 et 19h15 à 21h45; 5 rue St-Vincent, 04.93.80.27.33

Contrairement à ce que son nom indique, ce n'est pas un bar mais un restaurant. On y sert dans un cadre de bistro sympathique une cuisine du marché, dont des pâtes fraîches délicieusement apprêtées.

Lou Pistou €€ [24]

lun-ven 12h à 14h et 19h à 22h; 4 rue Raoul Bosio, 04.93.62.21.82, www.facebook.com/LouPistou

Ce petit resto familial concocte des spécialités niçoises (beignets de fleurs de courgettes, pâtes au pis-

Trésors Publics.

tou, farcis, tripes et daube) servies dans une atmosphère conviviale.

Comptoir du marché €€€ [20]

mar-sam 12h à 13h30 et 19h à 21h45; 8 rue du Marché, 04.93.13.45.01

Cuisine méditerranéenne simple et goûteuse et cadre chaleureux. Bonne adresse à prix abordable compte tenu de la qualité. La popularité du jeune chef Loïs Guenzati est telle que les réservations sont fortement recommandées.

Le Hussard €€€ [23]

tlj 18h à 2h; 1 rue St-François de Paule, 06.05.05.23.23, www.lehussardrestaurant.com

À deux pas du Cours Saleya et du Vieux-Nice, le toit-terrasse du Hussard comprend une section bar lounge tendance pour siroter un cocktail et une section restaurant. Excellente cuisine de saison et desserts gourmands créatifs. Parfait pour un repas romantique gourmet dans une ambiance détendue mais chic.

Bars et boîtes de nuit

(voir carte p. 31)

Le Comptoir Central Électrique [26]

tlj 8h à 0h30; 10 rue Bonaparte, 09.60.46.30.72

Aménagé dans une ancienne centrale électrique, ce bar de style «industriel contemporain» attire la clientèle bobo branchée de Nice. On y mange également très bien.

Les Distilleries Idéales [27]

tlj 9h à 0h30; 24 rue de la Préfecture, 04.93.62.10.66, www.facebook.com/ldinice

Bistro où il fait bon prendre l'apéritif avec un plateau de charcuteries et de fromages.

Opéra Nice Côte d'Azur.

Culture et divertissement

(voir carte p. 31)

Opéra Nice Côte d'Azur [28]

4-6 rue St-François de Paule, 04.92.17.40.79, www.opera-nice.org

Classé monument historique, ce théâtre à l'italienne peut recevoir environ 1 100 spectateurs. Il loge notamment l'Orchestre Philharmonique de Nice et le Ballet Nice Méditerranée. Visites guidées de 90 min sur réservation auprès du **Centre du Patrimoine** *(5€; 04.92.00.41.90, www.nice.fr)*.

Théâtre National de Nice [29]

prom. des Arts, 04.93.13.19.00, www.tnn.fr

Le Centre dramatique de Nice propose ses propres créations théâtrales ainsi que des spectacles contemporains de théâtre et de danse, dans une salle à l'italienne de 963 places ou un amphithéâtre de 318 places.

Logement *(voir carte p. 31)*

Villa Saint-Exupéry Beach € [31]

6 rue Sacha Guitry, 04.93.16.13.45, www.villahostels.com

Auberge de jeunesse impeccable qui propose des dortoirs et des chambres doubles privées. Ambiance décontractée et conviviale, à quelques mètres de la place Masséna et des plages.

The Deck Hotel €€€ [30]

2 rue Maccarani, 04.92.14.40.20, www.deck-hotel.com

Petit hôtel balnéaire en plein centre-ville, ouvert en 2018. Les 65 chambres et les espaces communs sont décorés dans les tons de bleu et blanc rappelant les cabines de plage. L'hôtel fait partie des huit établissements niçois de Happy-Culture *(www.happyculture.com)*, où les clients de chaque hôtel ont accès aux services des autres (Wi-Fi, bagagerie, recharge de téléphone, etc.).

Pour atteindre les attraits qui suivent, longez la promenade des Anglais vers l'ouest jusqu'à la rue Honoré Sauvan (1,8 km) et continuez tout droit jusqu'à l'avenue des Baumettes.

À l'extérieur du centre

À voir, à faire

(voir carte sur la deuxième de couverture)

Musée des Beaux-Arts ★ [1]

6€ ou 10€ billet groupé avec le Musée International d'Art Naïf Anatole Jakovski, valide 48h; mai à oct mar-dim 10h à 18h, nov à avr mar-dim 11h à 18h; 33 av. des Baumettes, bus n°s 3, 7, 9, 22, 27 depuis la place Masséna (J. Médecin/Hôtel des Postes), 04.92.15.28.28, www.musee-beaux-arts-nice.org

Collection permanente éclectique allant de l'art sacré du XVe s. à l'école française du XIXe s. Citons les peintures de Dufy, Bonnard et Van Loo, ainsi que les sculptures de Rodin et Carpeaux.

Poursuivez sur la promenade des Anglais (2 km) jusqu'à l'avenue Fabron.

Musée International d'Art Naïf Anatole Jakovski ★ [2]

6 € ou 10€ billet groupé avec le Musée des Beaux-Arts, valide 48h; mai à oct mer-lun 10h à 18h, nov à avr mer-lun 11h à 18h; 21 av. de Fabron, bus n°s 9, 59, 70 arrêt «Fabron Musée d'Art Naïf» depuis la place Masséna (J. Médecin/Hôtel des Postes), 04.93.71.78.33

Pas moins de 600 œuvres emblématiques de la peinture naïve à travers le monde.

Poursuivez sur la promenade des Anglais (2,8 km).

Parc Phoenix ★★ [3]

5€, gratuit pour les enfants de moins de 12 ans; avr à oct 9h30 à 19h30 (jusqu'à 18h nov à mars), dernière entrée 1h avant la fermeture; 405 prom. des Anglais, accès Arénas, bus n°s 9, 59, 70 depuis l'arrêt «Fabron Art Naïf» ou la place Masséna, 04.92.29.77.00, www.parc-phoenix.org

Ce parc floral comprend l'une des plus grandes serres d'Europe, dans laquelle vivent des poissons, des oiseaux, des lémuriens et où s'épanouissent des fleurs par milliers.

Musée National du Sport ★★ [4]

adultes 5€ à 7€, enfants entrée libre; mai à sept mar-dim 10h à 18h, oct à avr mar-dim 11h à 17h; stade Allianz Riviera, bd des Jardiniers, 04.89.22.44.00, www.museedusport.fr

Plus excentré, ce musée est difficilement accessible sans voiture. Consacré aux différents sports, du défi personnel au jeu en équipe ou à l'innovation dans le sport, il propose un parcours ponctué d'histoires et d'anecdotes sportives, mais également d'activités interactives. Parfait pour une sortie en famille.

Cathédrale Saint-Nicolas.

Musée National Marc Chagall.

Rejoignez le quartier résidentiel de Cimiez, sur les hauteurs de la colline du même nom, grâce aux bus nos 15 ou 22 « arrêt Musée Matisse/ Arènes » depuis la place Masséna (Masséna/Guitry). Vous y trouverez les arènes, le Musée d'archéologie, le Musée Matisse et le monastère de Cimiez.

Musée d'archéologie de Nice-Cimiez [5]

10€; mer-lun 10h à 18h; 160 av. des Arènes, 04.93.81.59.57

Ce musée un peu vieillot évoque l'histoire des habitants du site romain de Cemenelum, dont il ne reste que les ruines des arènes *(accès libre)* et des thermes *(compris dans le billet du musée mais visibles gratuitement à l'arrière du Musée Matisse)*. Les objets retrouvés lors des fouilles archéologiques du site y sont exposés.

Musée Matisse ★ [6]

10€; mai à oct mer-lun 10h à 18h, nov à avr mer-lun 10h à 187; 164 av. des Arènes, 04.93.81.08.08, www.musee-matisse-nice.org

Derrière le musée d'archéologie se trouve ce musée dédié à Henri Matisse, qui vécut à Nice de 1917 jusqu'à sa mort, en 1954. La collection permanente, qui compte de nombreux objets personnels et sculptures de Matisse, témoigne de l'évolution du travail du peintre. Dommage que les lieux aient si peu d'âme, même si le bâtiment est splendide.

Monastère de Cimiez ★★ [7]

entrée libre; musée lun-ven 10h à 12h et 15h à 17h30, sam 10h à 12h, jardins tlj 10h à 18h; av. du Monastère

À quelques mètres du Musée Matisse, vous pourrez visiter le monastère des Franciscains, dont les jardins, et plus particulièrement la roseraie (resplendissante en mai et juin), vous offriront une pause détente verte. Le monastère abrite également un musée des Franciscains.

Pour rejoindre le Musée National Marc Chagall, prenez le bus nº 15 jusqu'à l'arrêt « Musée Chagall » ou descendez à pied le boulevard de Cimiez (15 min), jalonné de villas Belle Époque (remarquez l'ancien Hôtel Regina au nº 71, où descendait la reine Victoria).

Musée National Marc Chagall ★★★ [8]

8€, visites guidées 4,50€; mai à oct mer-lun 10h à 18h, nov à avr mer-lun 10h à 17h; av. du Docteur Ménard, 04.93.53.87.20, http://musees-nationaux-alpesmaritimes.fr

Ce musée inauguré en 1973 et rénové en 2007 fut édifié sous la direction attentive de Chagall, qui voulait en faire un lieu intime où l'architecture s'insèrerait harmonieusement dans un jardin méditerranéen. Pari réussi tant il s'en dégage une quiétude chargée d'âme. L'exposition permanente du musée est essentiellement construite autour des 17 tableaux magistraux du *Message Biblique*, éclatants de couleurs dans cet écrin blanc et minimaliste.

Dirigez-vous vers la gare de Nice-Ville, située à l'ouest du Musée National Marc Chagall. Longez la gare par l'avenue Thiers, tournez à droite dans le boulevard Gambetta, puis à gauche dans le boulevard du Tsarevich, qui vous mènera à l'avenue Nicolas II et à la cathédrale Saint-Nicolas.

Cathédrale Saint-Nicolas ★★ [9]

entrée libre; tlj 9h à 12h et 14h à 18h, pas de visites pendant les offices religieux; visites guidées sur réservation : visites.cathedrale.nice@gmail.com; av. Nicolas II, 09.81.09.53.45, www.sobor.fr

La cathédrale Saint-Nicolas est l'un des plus grands et des plus beaux édifices orthodoxes russes hors de Russie. Érigée à partir de 1903, elle est consacrée en 1912. Couronnée de six dômes à bulbe, son architecture s'inspire des églises des XVIe et XVIIe s. de la région de Moscou. On peut y admirer de précieuses icônes et de splendides fresques et boiseries.

Achats

(voir carte sur la deuxième de couverture)

Alimentation

Arlequin Gelati [10]

mar-jeu et dim 11h à 20h, ven-sam 11h à 22h; 9 av. Malaussena, 04.93.04.69.88, www.facebook.com/gelati.arlequin

César Milano [11]

mer-lun 11h à 22h; 43 av. Jean Médecin, 04.89.92.09.35, www.facebook.com/cesar.milano06

Un glacier italien avec deux bonnes adresses pratiquement voisines. Il faut goûter les heureux mélanges concoctés par le patron Roberto, par exemple la glace citron et verveine ou encore la glace raisin et framboise. Et le chocolat! Oh! le chocolat!

Acropolis.

La Gare du Sud [12]

mai à oct mar, mer et dim 11h à 23h, jeu-sam 11h à 0h, nov à avr mar-dim 11h à 23h; 35 av. Malaussena, 04.93.17.47.71, www.lagaredusud.com

Inaugurée en mai 2019, cette halle gourmande aménagée dans une ancienne gare du XIXe s. est devenue le nouveau lieu de rencontre des Niçois. L'endroit revendique une vocation culturelle, et on y a notamment présenté une exposition sur la cuisine niçoise. Autrement, on fréquente l'endroit pour prendre un verre, manger et s'approvisionner en produits locaux.

Marché de la Libération [13]

mar-dim 6h à 12h30; pl. du Général de Gaulle

Un véritable marché méditerranéen aux mille saveurs, senteurs et couleurs aussi chaleureux que plein de vie. On peut s'y procurer fruits, légumes, poissons et fleurs.

Cafés et restos

(voir carte sur la deuxième de couverture)

L'Uzine €€ [14]

mar-ven 12h à 14h et 19h30 à 22h30, sam 19h30 à 22h30; 18 rue François Guisol, 04.93.56.42.39, www.facebook.com/uzine06

Dans une ambiance à la fois romantique et détendue, on savoure ici une goûteuse cuisine de saison. En entrée, partagez l'assiette gourmande qui donne un petit échantillon des saveurs de la maison.

La Rotonde €€-€€€ [16]

tlj 7h à 10h30, 12h à 14h30 et 19h à 22h; Le Negresco, 37 prom. des Anglais, 04.93.16.64.11, www.hotel-negresco-nice.com

La parfaite excuse pour une incursion curieuse à l'intérieur de ce superbe palace Belle Époque qu'est l'hôtel Le Negresco. Menu du jour autour de 25€ jusqu'à 14h30, à déguster sur la terrasse face à la promenade des

Anglais, ou au calme dans le décor fraîchement rénové du restaurant.

La Réserve €€€ [15]

mai à sept tlj 12h15 à 14h et 19h15 à 22h, oct à avr mar-sam 12h15 à 14h et 19h15 à 22h; 60 bd Franck Pilatte, 04.97.08.14.80, www.lareservedenice.fr

Pour un dîner gastronomique les pieds dans l'eau. Une institution niçoise de choix, à la décoration années 1930, avec une vue sur la baie des Anges à couper le souffle.

Bars et boîtes de nuit

(voir carte sur la deuxième de couverture)

Le Rooftop Monsigny [17]

fin avr à fin sept tlj 12h à 0h; Hôtel Monsigny, 17 av. Malaussena, 04.93.88.27.35, www.hotelmonsignynice.com

De l'heure des smoothies à celle des cocktails, on y jouit d'une vue imprenable sur Nice. C'est l'endroit pour voir et être vu, en dégustant des bols de *poke* ou des assiettes de tapas à partager.

Culture et divertissement

(voir carte sur la deuxième de couverture)

Acropolis [18]

1 Esplanade Kennedy, 04.93.92.83.00, www.nice-acropolis.com

Auditorium de 2 500 places réputé pour son cadre prestigieux et son excellente acoustique. Une salle plus intimiste de 750 places accueille les pièces de théâtre et les spectacles d'humour.

Logement

(voir carte sur la deuxième de couverture)

Hôtel Villa Saint-Hubert €€ [20]

26 rue Michel-Ange, 04.93.84.66.51, www.villasainthubert.com

Hôtel avec jardin aussi agréable que simple et discret, à deux pas du marché de la Libération, dans un quartier sympathique un peu en dehors des sentiers touristiques (tramway Borriglione).

Hôtel Aria €€€ [19]

15 av. Auber, 04.93.88.30.69, www.hotel-aria.fr

Un hôtel de charme accueillant et bien situé. Petit déjeuner de qualité. Excellent rapport qualité/prix.

Hôtel Windsor €€€-€€€€ [21]

11 rue Dalpozzo, 04.93.88.59.35, www.hotelwindsornice.com

Hôtel de 54 chambres, dont 30 décorées par des artistes contemporains. Piscine d'été, spa et jardin luxuriant aux allures de jungle urbaine. Situation idéale à quelques minutes des plages.

Villa Victoria €€€€ [22]

33 bd Victor Hugo, 04.93.88.39.60, www.villa-victoria.com

Confortable hôtel de charme qui donne sur un jardin privé calme et fleuri, où il est très agréable de prendre le petit déjeuner et se détendre en fin de journée. Idéalement situé à une dizaine de minutes de la gare, de la promenade des Anglais et de la rue Masséna. Préférez une chambre côté jardin.

2

De Nice à Menton

La splendide région qui va de Nice à Menton couvre la partie orientale de la Côte d'Azur et se termine à la frontière franco-italienne. Rattachée à l'Italie pendant de nombreuses années, elle témoigne de fortes influences italiennes tant dans l'architecture que dans l'ambiance de ses villages et les saveurs de sa cuisine.

Cette partie de la Côte d'Azur fascine par ses paysages. Elle est traversée par trois corniches: la Basse, la Moyenne et la Haute Corniche, qui suivent le littoral à différentes hauteurs, comme l'indiquent leurs noms.

Depuis le port de Nice, empruntez la Basse Corniche pour rejoindre Villefranche-sur-Mer.

Villefranche-sur-Mer

À voir, à faire

(voir carte p. 45)

Villefranche-sur-Mer ★★★ est le premier village qu'on rencontre à l'est de Nice. Situé au bord de la mer, il a été fondé sur le site du port romain d'Olivula, qui bénéficiait de franchises commerciales. Une escale tout à fait charmante et accueillante, idéale pour prendre le temps de vivre dans un décor remarquable bercé par la mer.

Citadelle Saint-Elme ★★★ [1]
entrée libre; juin à sept lun-sam 10h à 12h et 15h à 18h30, dim 15h à 18h30, oct et déc à mai lun-sam 10h à 12h et 14h à 17h30, dim 14h à 18h30; 04.93.76.33.27
La citadelle a été édifiée en 1557 sur ordre d'Emmanuel Philibert, duc de

Villefranche-sur-Mer.

Savoie, pour défendre la vieille ville. Elle abrite aujourd'hui l'hôtel de ville et deux musées gratuits: le **Musée Volti**, dédié au sculpteur italien, et le **Musée Goetz-Boumeester**, qui présente les œuvres du couple Henri Goetz et Christine Boumeester ainsi que quelques dessins de Picasso, Picabia et Miró. Ne manquez pas le Théâtre de Verdure, que vous pourrez rejoindre en vous promenant le long des remparts.

Descendez vers la vieille ville par la rue Henri Biais.

Vieille ville ★★ [2]

Fondée en 1295 par le comte de Provence, la vieille ville possède une trame de ruelles charmantes, entièrement piétonnes. L'une de ces ruelles, la **rue Obscure** ★, a gardé tout le mystère de ses origines, alors qu'elle servait d'abri en période d'insécurité.

Rejoignez la promenade des Marinières et longez la mer en vous dirigeant vers le port à l'ouest.

Chapelle Saint-Pierre (dite Cocteau) ★★ [3]

3€; avr à sept mer-dim 9h30 à 12h30 et 14h à 18h, oct à mars mer-lun 10h à 12h et 14h à 18h, fermé mi-nov à mi-déc; 1 Quai de l'Amiral Courbet, 04.93.76.90.70

Construite au XIVe s. sur le port, cette petite chapelle de style roman a été décorée par Jean Cocteau en 1956 en hommage à ses amis pêcheurs.

Suivez l'ancien chemin de ronde au pied de la Citadelle et appréciez le superbe panorama sur la rade de Villefranche-sur-Mer et le cap Ferrat.

De Nice à Menton

À voir, à faire ★

Villefranche-sur-Mer
1. BZ Citadelle Saint-Elme/Musée Volti/ Musée Goetz-Boumeester
2. BZ Vieille ville/Rue Obscure
3. BZ Chapelle Saint-Pierre (dite Cocteau)
4. BZ Port de la Darse

Saint-Jean-Cap-Ferrat
5. BZ Villa & Jardins Ephrussi de Rothschild
6. BZ Paloma Beach

Beaulieu-sur-Mer
7. BZ Villa Kérylos

Èze
8. CY Èze-Village/Poterne/Église Notre-Dame de l'Assomption
9. CY Jardin exotique d'Èze
10. BY Parc de la Grande Corniche/ Maison de la Nature
11. CY Grande Corniche

La Turbie
12. CY Trophée d'Auguste

Roquebrune-Cap-Martin
13. DX Roquebrune village
14. DX Château féodal
15. EY Cap Martin
16. DY Cap Moderne/Villa E-1027/ L'Étoile de Mer/Cabanon de Le Corbusier

Activités ✸

Saint-Jean-Cap-Ferrat
17. BZ SOS Grand Bleu
18. BZ Tour du cap Ferrat/ Plage de Passable

Èze
19. BY Astrorama
20. CY Sentier Nietzsche

Roquebrune-Cap-Martin
21. EY Promenade Le Corbusier

Cafés et restos ●

Villefranche-sur-Mer
22. BZ La Baleine Joyeuse
23. BZ La Cave Nature
24. BZ La Grignotière
25. BZ La Mère Germaine
26. BZ Les Garçons

Saint-Jean-Cap-Ferrat
27. BZ Capitaine Cook
28. BZ Le Pacha du Sloop

Beaulieu-sur-Mer
29. BZ African Queen
30. BZ La Pignatelle
31. BZ Le Café des Saveurs
32. BZ Le Restaurant des Rois

Èze
33. CY La Chèvre d'Or
34. CY Le Nid d'Aigle

La Turbie
35. CY Hostellerie Jérôme

Roquebrune-Cap-Martin
36. DX Casarella
37. EY Le Kiosk

Bars et boîtes de nuit ☽

Villefranche-sur-Mer
38. BZ La Dolce Vita
39. BZ La Trinquette

Logement ▲

Villefranche-sur-Mer
40. BZ Hôtel Welcome
41. BZ La Fiancée du Pirate

Saint-Jean-Cap-Ferrat
42. BZ Hôtel Brise Marine

Beaulieu-sur-Mer
43. BZ Hôtel The Originals Beaulieu-sur-Mer Frisia

Èze
44. CY Château Eza
45. BY Hôtel Hermitage
46. CY La Bastide aux Camélias

Roquebrune-Cap-Martin
47. EY Hôtel Victoria
48. DY Monte Carlo Beach

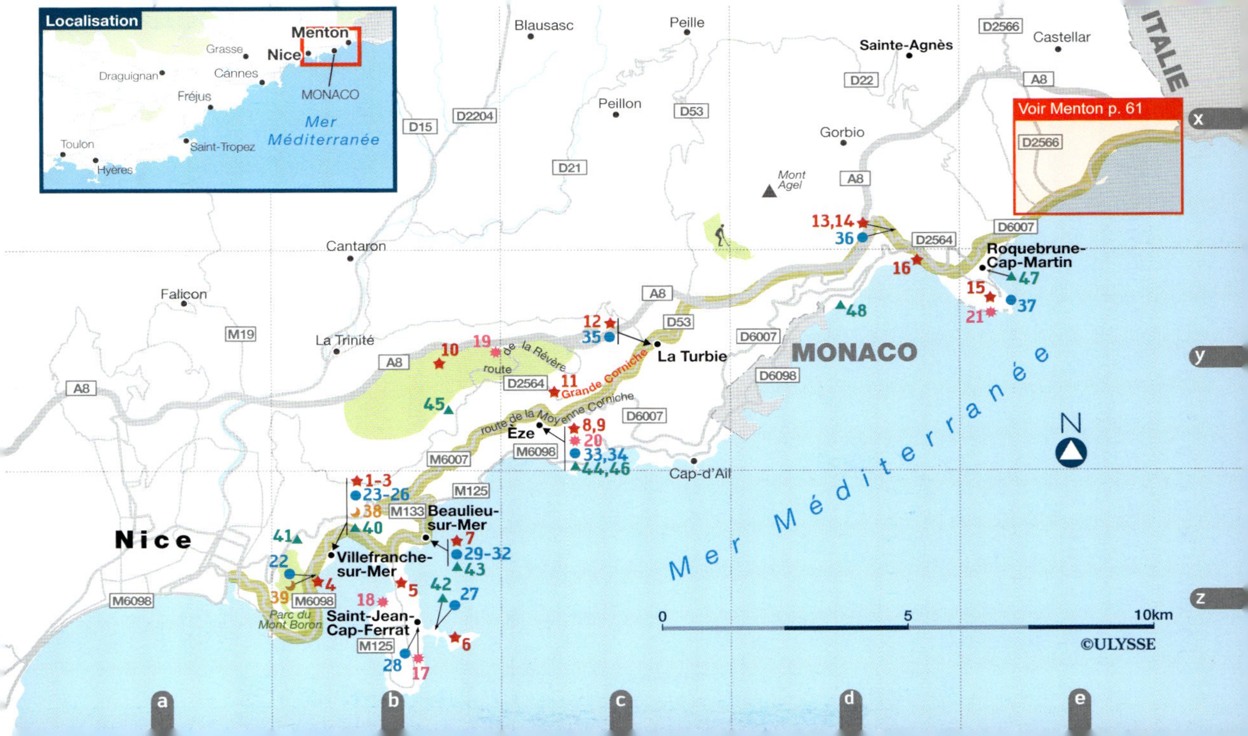
Localisation
Menton
Nice
Grasse
Cannes
Draguignan
Fréjus
MONACO
Mer Méditerranée
Toulon
Saint-Tropez
Hyères
Blausasc
Peille
Sainte-Agnès
Castellar
ITALIE
Voir Menton p. 61
Peillon
Gorbio
Mont Agel
Cantaron
Falicon
La Trinité
La Turbie
MONACO
Roquebrune-Cap-Martin
route de la Revère
Grande Corniche
route de la Moyenne Corniche
Èze
Cap-d'Ail
Nice
Beaulieu-sur-Mer
Villefranche-sur-Mer
Saint-Jean-Cap-Ferrat
Parc du Mont Boron
Mer Méditerranée
N
0
5
10km
©ULYSSE
D15
D2204
D21
D53
D22
D2566
A8
M19
D2564
D6007
D6098
M6007
M6098
M125
M133
1-3
23-26
38
40
41
22
39
4
5
18
42
27
28
17
6
7
29-32
43
10
19
45
11
8,9
20
33,34
44,46
12
35
13,14
36
16
48
15
21
37
47
a
b
c
d
e
x
y
z

Port de la Darse ★★ [4]
Ancien arsenal royal, ce petit port naturel, fortifié dès 1388 par les ducs de Savoie, a été pendant longtemps un lieu hautement stratégique. Le chantier naval est encore en activité, mais c'est avant tout pour l'ambiance animée du port de plaisance qu'on s'y rend.

Cafés et restos

(voir carte p. 45)

La Baleine Joyeuse € [22]
tlj 7h30 à 20h, juil et août jusqu'à 22h; port de la Darse, 06.22.28.09.57
Petit casse-croûte sympathique avec terrasse sur le port de la Darse. Idéal pour papoter avec les gens du coin et les plaisanciers en grignotant un morceau (salades, omelettes, plats du jour).

La Cave Nature €€ [23]
17 rue du Poilu, 09.84.38.15.09, www.facebook.com/lacavenature.bio
Délicieuses tartines et planches concoctées à partir de produits frais: crudités, charcuteries, poissons marinés... Le tout arrosé d'une sélection de bons vins naturels et bios. Petite terrasse sympathique, abritée du soleil.

La Grignotière €€-€€€ [24]
tlj 11h à 21h30; 3 rue du Poilu, 04.93.76.79.83, www.la-grignotiere-restaurant-villefranche-sur-mer.com
Petit restaurant sans chichis qui propose une très bonne cuisine depuis des années. La soupe de poisson est une pure merveille! On recommande également les spaghettis aux gambas.

Les Garçons €€€ [26]
18 rue du Poilu, 04.93.76.62.40
Les Garçons servent une excellente cuisine dans un décor plus chic que celui de son voisin La Cave Nature. À goûter: la poêlée de poulpe, le risotto aux coquilles Saint-Jacques, la salade yakitori au soja et légumes croquants ou la souris d'agneau braisée à l'ail confit. Un pur régal!

La Mère Germaine €€€€ [25]
tlj 12h à 14h30 et 19h à 22h, fermé mi-nov à mi-déc; 9 Quai de l'Amiral Courbet, 04.93.01.71.39
Une institution où la tradition d'une restauration classique à la française se perpétue depuis 1938. Des prix élevés, mais une qualité de poisson et un service excellents.

Bars et boîtes de nuit

(voir carte p. 45)

La Dolce Vita [38]
17 Quai de l'Amiral Courbet, 04.93.01.71.31
Pour boire un verre, confortablement installé sur un large canapé, aux premières loges sur le quai le plus vivant de Villefranche-sur-Mer. Menu de plats italiens bien apprêtés.

La Trinquette [39]
jeu-dim; 30 av. du Général de Gaulle, 04.93.16.92.48, www.restaurant-trinquette-villefranche.com
Petit resto-bar dans le port de la Darse où aller trinquer en écoutant un concert, ou danser lors d'une soirée à thème.

Saint-Jean-Cap-Ferrat.

Logement (voir carte p. 45)

La Fiancée du Pirate €€-€€€

[41]

8 bd de la Corne d'Or (Moyenne Corniche), 04.93.76.67.40, www.fianceedupirate.com

Sur les hauteurs qui dominent la baie de Villefranche-sur-Mer, voilà un petit hôtel familial, simple et convivial. Chambres sobrement décorées et très agréables. Excellent petit déjeuner copieux. Piscine et petit salon de thé où grignoter le midi.

Hôtel Welcome €€€-€€€€

[40]

1 Quai de l'Amiral Courbet, 04.93.76.27.62, www.welcomehotel.com

Un incontournable de grande qualité à Villefranche-sur-Mer. Idéalement situé à deux pas de la chapelle décorée par Cocteau, du port et des ruelles sinueuses du vieux village.

Rejoignez Saint-Jean-Cap-Ferrat par la Basse Corniche en longeant le boulevard Napoléon III (route M6098). En chemin, faites halte à l'un des points de vue qui surplombent la rade de Villefranche et sa longue plage de sable.

Saint-Jean-Cap-Ferrat

À voir, à faire

(voir carte p. 45)

Jusqu'au début du XXe s., **Saint-Jean-Cap-Ferrat** ★★★ n'était qu'un hameau de pêcheurs, un site encore sauvage et sans constructions. Tout change en 1906, quand Béatrice Ephrussi de Rothschild décide d'y faire édifier sa villa. Dès

Villa & Jardins Ephrussi de Rothschild.

lors, la presqu'île se peuplera de villas toutes plus imposantes les unes que les autres.

Villa & Jardins Ephrussi de Rothschild ★★★ [5]
15€, 18€ pour la nocturne en juil et août; juil et août tlj 10h à 19h, nocturne lun-mar 19h30 à 0h, nov à fév tlj 14h à 18h, sept, oct et mars à juin tlj 10h à 18h; 1 av. Ephrussi de Rothschild, bus nº 81 arrêt «Plage de Passable» ou à 20 min à pied de la gare de Beaulieu-sur-Mer ou la Villa Grecque Kérylos, 04.93.01.33.09, www.villa-ephrussi.com
Construite dans le style des demeures de la Renaissance italienne à la demande de Béatrice Ephrussi de Rothschild, cette villa est un bijou d'opulence et de faste qui témoigne du mode de vie des grandes fortunes de la Belle Époque. Le visiteur y découvre une riche collection de toiles de maîtres (Fragonard, Boucher), de tapisseries des Gobelins, de mobiliers d'exception et de porcelaines. Véritable clou de la visite: les neuf jardins thématiques qui entourent la villa. Élégant salon de thé.

Paloma Beach ★★ [6]
1 ch. de St-Hospice
Rares sont les Niçois qui vont se baigner à Nice, mais ils s'échappent volontiers vers Saint-Jean-Cap-Ferrat pour une journée à la très jolie Paloma Beach.

Activités *(voir carte p. 45)*

Excursions en bateau

SOS Grand Bleu [17]
60€/8h, 30€/3h; mi-avr à mi-nov; port de Saint-Jean-Cap-Ferrat, 04.93.76.17.61, www.sosgrandbleu.asso.fr
Cette association de protection et d'éducation environnementales organise des sorties pédagogiques

Paloma Beach.

en mer pour observer dauphins et baleines et sensibiliser les participants à la biodiversité marine. Apportez un pique-nique et votre maillot.

Randonnée pédestre

Tour du cap Ferrat [18]
plan disponible à l'Office de Tourisme de Saint-Jean-Cap-Ferrat (voir p. 208)
Une magnifique promenade de 4,8 km (1h30 de marche) pour toute la famille. Rendez-vous près de la **plage de Passable** [18], non loin de la Villa Ephrussi de Rothschild. Vous pourrez longer la mer jusqu'au phare (pointe sud) et ensuite continuer par le chemin de la Carrière, en observant les sublimes villas qui se cachent derrière les pins. De l'autre côté du cap, le sentier se prolonge vers la presqu'île, qui garde un air un peu plus sauvage.

Cafés et restos

(voir carte p. 45)

Capitaine Cook €-€€ [27]
ven-mar 12h30 à 22h, jeu 19h30 à 22h; 11 av. Jean Mermoz, 04.93.76.02.66
Restaurant paisible à la terrasse fleurie, reconnu pour sa cuisine à base de produits frais et de saison. On s'y délecte d'un menu de spécialités locales, notamment la «bisque bouille de saint Jeannet», une petite bouillabaisse qui attire une clientèle d'habitués.

Le Pacha du Sloop €-€€ [28]
lun et jeu-sam 12h à 15h et 19h30 à 21h, dim 12h30 à 15h; 27 Port de Plaisance, 04.93.01.48.63, www.facebook.com/lepachadusloop
Resto familial où s'offrir des plats simples mais frais: soupe de poisson, dorade cuite au four et légumes,

frites maison et crumble gourmand au dessert.

Logement *(voir carte p. 45)*

Hôtel Brise Marine €€€€ [42]

58 av. Jean Mermoz, 04.93.76.04.36, www.hotel-brisemarine.com

Petit hôtel familial un brin désuet mais avec beaucoup de charme et, surtout, un bon rapport qualité/prix pour les environs. On y va pour sa tranquillité, sa situation à côté de Paloma Beach et sa vue magnifique (demandez la chambre 10 pour sa grande terrasse).

Si vous êtes en voiture, rejoignez Beaulieu-sur-Mer par la M125. Vous pouvez également vous y rendre à pied, en empruntant la promenade Maurice-Rouvier depuis le cap Ferrat, une voie piétonne à l'ombre des pins, idéale pour admirer le magnifique panorama (comptez 20 min environ).

Beaulieu-sur-Mer

À voir, à faire

(voir carte p. 45)

Autrefois prisée par l'aristocratie européenne attirée par son doux climat hivernal, **Beaulieu-sur-Mer ★** compte quelques hôtels de luxe et de belles demeures dont la Rotonde Lenôtre et le Casino de Beaulieu, qui rayonnent devant la baie des Fourmis. La station balnéaire accueille maintenant surtout une clientèle de retraités.

Villa Kérylos ★★★ [7]

11,50€; mai à août tlj 10h à 19h, sept à avr tlj 10h à 17h; impasse Gustave Eiffel, 04.93.01.01.44, www.villakerylos.fr

Kérylos est une jolie folie, née en 1902 de la passion pour la Grèce antique de deux riches esthètes dont le défi était de construire une villa grecque telle qu'on en trouvait dans les Cyclades. Pari réussi tant cette demeure, classée monument historique, présente une richesse et un raffinement exceptionnels.

Cafés et restos

(voir carte p. 45)

La Pignatelle €-€€ [30]

mer-dim 11h30 à 14h30 et 17h30 à 22h, lun 11h30 à 14h30; 10 rue Quincenet, 04.93.01.03.37, www.lapignatelle.fr

Cuisine saine et sans prétention. À goûter: la salade bergère, la bourride de fruits de mer, sans oublier le tiramisu au Nutella.

Le Café des Saveurs €-€€ [31]

mar-sam 11h à 15h et 18h à 22h; 35 bd Marinoni, 04.93.87.16.04, www.cafedessaveurs.com

Cuisine franco-italienne raffinée et copieuse, concoctée à partir des produits frais du marché, le tout

Villa Kérylos.

offrant un excellent rapport qualité/prix.

African Queen €€€ [29]

tlj 12h à 0h; port de plaisance de Beaulieu-sur-Mer, 04.93.01.10.85, www.africanqueen.fr

Brasserie chic incontournable depuis 1969. Menu éclectique de pizzas, salades, plats de poisson et viandes et quelques spécialités du Sud.

Le Restaurant des Rois €€€€ [32]

tlj 19h30 à 21h30; La Réserve de Beaulieu & Spa, 5 bd du Maréchal Leclerc, 04.93.01.00.01, www.reservebeaulieu.com

Ce chic restaurant gastronomique maintes fois primé est un bijou architectural et historique datant de 1880, et sa cuisine renommée enchante depuis longtemps les fins palais.

Logement *(voir carte p. 45)*

Hôtel The Originals Beaulieu-sur-Mer Frisia €€-€€€ [43]

2 bd Eugène Gauthier, 04.93.01.01.04, www.frisia-beaulieu.com

Donnant sur le port, non loin de la gare, cet hôtel propose des services de qualité à bon prix. Chambres confortables et modernes, dont certaines comportent une terrasse avec vue sur la mer. Belle piscine à l'ombre.

Prenez la M6098, puis remontez vers la Moyenne Corniche (M6007) par la M133. La route qui mène à Èze est époustouflante: profitez des quelques points de vue qui la ponctuent pour vous laisser émerveiller.

Jardin exotique d'Èze.

Èze

À voir, à faire

(voir carte p. 45)

Bien que les plus anciennes traces d'occupation dans la région remontent à l'âge de fer, c'est au VIIIe s. que le village d'**Èze** ★★★ fut construit sur un piton rocheux, à 429 m au-dessus du niveau de la mer. On se demande comment une telle prouesse fut possible. Le village est resté si joli que les visiteurs y affluent et ne manquent pas de s'en émerveiller. Destination gastronomique ou de villégiature de grand luxe, Èze attire les fins gourmets de la région qui s'y rendent dans leurs grosses cylindrées et en tenue de soirée.

Èze-Village ★★ [8]

On pénètre dans le village par la **Poterne**, qui en contrôlait l'unique accès. Malgré sa double porte protégée par deux tours et un pont-levis, elle ne résista pas aux troupes turques de Barberousse qui assiégèrent le village en 1543. Les ruelles ponctuées de demeures seigneuriales débordant de fleurs témoignent de ce passé riche en histoire, de même que les ruines du château dans lesquelles un superbe jardin exotique a été aménagé en 1949 (voir ci-dessous). Profitez de votre visite pour aller voir les trompe-l'œil de l'**église Notre-Dame de l'Assomption** (XVIIIe s.), typiques de l'art baroque.

Jardin exotique d'Èze ★★ [9]

6€; été tlj 9h à 19h30h, hors saison tlj 9h à 16h30; rue du Château, indiqué à partir du vieux village, 04.93.41.10.30

Ce jardin suspendu abrite de nombreux spécimens de cactus et se termine sur une grande terrasse s'ouvrant sur un panorama qui s'étend du cap Ferrat à l'Estérel. Par temps clair, on peut apercevoir la Corse à l'horizon.

Parc de la Grande Corniche ★★ [10]

avr à oct tlj 7h30 à 20h, nov à mars tlj 8h à 18h; accès par la route de la Révère, à droite du carrefour du col d'Èze, www.departement06.fr/les-parcs

Ce parc forestier de près de 7 km² s'étale du mont Leuse au promontoire du mont Bataille. Vous pouvez le découvrir à partir du site du fort de la Révère. Expositions sur la faune et la flore à la **Maison de la Nature**. Sorties spéléologiques gratuites sur réservation *(06.77.14.75.20)*.

Activités *(voir carte p. 45)*

Astronomie

Astrorama [19]

10€; sept à juin ven-sam 18h à22h (dernières entrées à 19h30), juil et août mar-sam 19h à 23h (dernières entrées à 20h30); route de la Révère, à 3 km du col d'Èze, 04.93.85.85.58, www.astrorama.net

Créé par l'astronome Jean-Louis Heudier, l'Astrorama propose des séances de planétarium, des conférences et des soirées thématiques « ciel ouvert » ou « spectacle aux étoiles » qui vous propulseront dans une autre galaxie.

Randonnée pédestre

Sentier Nietzsche [20]

durée 1h30 pour l'ascension, 45 min pour la descente; à l'entrée du village médiéval d'Èze

Particulièrement abrupt, ce sentier – qui inspira au philosophe allemand quelques pages de son livre *Ainsi parlait Zarathoustra* – rejoint Èze-Village et Èze-sur-Mer en offrant au passage des points de vue magnifiques sur la Méditerranée. Vous pouvez le descendre et utiliser l'une des navettes qui assurent la liaison entre les quartiers pour remonter vers le village. Portez de bonnes chaussures de marche.

Cafés et restos

(voir carte p. 45)

Le Nid d'Aigle €€ [34]

jeu-mar 9h à 18h; 1 rue du Château, 04.93.41.19.08, www.leniddaigle-eze.com

Restaurant familial et convivial aux prix très raisonnables. On mange sous un mûrier centenaire une cuisine de type bistro.

La Chèvre d'Or €€€€ [33]

début mars à début nov tlj 12h30 à 14h et 19h30 à 22h; rue du Barri, 04.92.10.66.61, www.chevredor.com

De la haute gastronomie dans un décor somptueux (ne manquez pas le plafond Belle Époque) ouvert sur un panorama à couper le souffle. Ce restaurant d'hôtel est un ravissement pour les sens, une expérience en soi qui a évidemment son prix. Sublime carte des vins comprenant quelques pépites millésimées qui raviront les connaisseurs.

Logement *(voir carte p. 45)*

Hôtel Hermitage €€-€€€ [45]

1951 av. des Diables Bleus, Grande Corniche, 04.93.41.00.68, www.ezehermitage.com

Cet établissement de 16 chambres se trouve à 5 km d'Èze-Village, à l'entrée d'un parc départemental sillonné de sentiers de randonnée. Demandez une chambre avec terrasse ou balcon pour profiter de la vue.

La Bastide aux Camélias €€€ [46]

8 rue du Burnou, 06.22.33.15.45, www.bastideauxcamelias.com

Petite suite indépendante de luxe dans la cité médiévale, avec toit-terrasse et vue sur la mer.

Château Eza €€€€€ [44]

rue de la Pise, 04.93.41.12.24, www.chateaueza.com

Un hôtel-boutique raffiné avec ses jolis jardins et terrasses qui surplombent la mer. Un endroit de rêve pour une nuit de luxe au cœur du village médiéval.

Quittez Èze en vous dirigeant vers l'est. Empruntez la ***Grande Corniche*** ★★★ *[11] (D2564) pour profiter des panoramas spectaculaires, des îles d'Hyères jusqu'à l'Italie.*

Trophée d'Auguste.

La Turbie

À voir, à faire

(voir carte p. 45)

Déjà peuplée à la préhistoire, **La Turbie** ★★★ a surtout connu ses heures de gloire à l'époque gallo-romaine grâce à sa situation sur la Via Julia Augusta, une voie stratégique à l'époque. La Turbie a toujours été convoitée par les souverains de Gênes, de Savoie et de la France à cause de la position frontalière de ces royaumes. En 1713, Monaco a définitivement rendu le village à la France.

Trophée d'Auguste ★ [12]

6€; fin mai à fin sept mar-dim 9h30 à 13h et 14h30 à 18h30, fin sept à fin mai mar-dim 10h à 13h30 et 14h30 à 17h; 18 av. Albert Ier, 04.93.41.20.84, www.trophee-auguste.fr

Ce monument a été érigé au Ier s. av. J.-C. à la gloire de l'empereur romain Auguste, vainqueur des peuples des Alpes. Le Trophée étonne de l'extérieur par sa majesté insoupçonnée. Parc à l'ombre des oliviers avec une vue fantastique sur Monaco.

Cafés et restos

(voir carte p. 45)

Hostellerie Jérôme €€-€€€ [35]

20 rue Comte de Cessole, 04.92.41.51.51, www.hostellerie-jerome.com

L'Hostellerie Jérôme est avant tout réputée pour son restaurant gastronomique, dont la cuisine imaginative et raffinée est un hommage aux saveurs de la Méditerranée. Une belle expérience aux prix assez raisonnables étant donné le niveau de qualité. L'établissement propose

Cap Martin.

également des chambres confortables, décorées avec soin, avec vue sur le village ou la mer.

Quittez La Turbie par la D53 pour rejoindre l'autoroute A8, qui vous mènera à Roquebrune-Cap-Martin.

Roquebrune-Cap-Martin

À voir, à faire

(voir carte p. 45)

Si les quartiers plus récents de **Roquebrune-Cap-Martin ★★** présentent peu d'intérêt, le village médiéval ainsi que le Cap demeurent des témoins précieux de la présence humaine à travers les âges, depuis la préhistoire jusqu'à la Belle Époque, en passant par l'époque romaine. Trois lieux emblématiques de l'architecture moderne de l'entre-deux-guerres sont ouverts au public: la villa E-1027 d'Eileen Gray et Jean Badovici, L'Étoile de Mer de Thomas Rebutato, ainsi que le Cabanon et ses unités de camping de Le Corbusier.

Roquebrune village ★ [13]

Accordez-vous du temps pour flâner au gré des montées en escalier, des passages voûtés de la rue Pié et des charmantes placettes. N'oubliez pas d'aller saluer l'olivier bimillénaire, près de la porte de Menton, qui serait âgé de plus de 2 000 ans! Enfin, les amoureux d'architecture pousseront jusqu'au cimetière pour se recueillir sur la tombe de Le Corbusier, dessinée par le célèbre architecte lui-même.

Château féodal ★★ [14]

5€; fév à mai tlj 10h à 12h30 et 14h à 18h, juin à sept tlj 10h à 13h et 14h30 à 19h, oct à jan sam-jeu 10h à 12h30 et 14h à 17h; 04.93.35.07.22

Cette ancienne forteresse du Xe s. aux tours crénelées permet d'observer les toits du village après avoir parcouru les quatre étages qui retracent la vie seigneuriale à l'époque médiévale.

À la sortie du château, remarquez la porte des Grimaldi, dont les armoiries sont encore visibles à l'extérieur.

Cap Martin ★ [15]

Magnifique avancée rocheuse parsemée de villas Belle Époque et de jardins cachés au milieu des pins et des oliviers séculaires, que l'on découvre en se promenant à pied (voitures interdites). De nombreuses personnalités y ont séjourné par le passé : Sissi d'Autriche, l'impératrice Eugénie, veuve de Napoléon III, et plus tard Winston Churchill, Le Corbusier et Coco Chanel.

Cap Moderne ★★★ [16]

18€; mai à sept tlj visites guidées à 10h et 14h; accueil et départ dans le stationnement de la gare de Roquebrune; réservations obligatoires; 06.48.72.90.53, www.capmoderne.com

L'Association Cap Moderne, chargée par le Conservatoire du littoral de la préservation de ce site emblématique de l'architecture moderne, propose des visites guidées d'une durée de 2h. Après la découverte de la **villa E-1027** d'Eileen Gray et Jean Badovici, de son intérieur meublé et de son jardin, vous rejoindrez **L'Étoile de Mer**, le resto-bar de Thomas Rebutato. La visite se poursuit autour du **Cabanon de Le Corbusier**, minuscule garçonnière de 15 m² datant de 1951, où le célèbre architecte se réfugia chaque été jusqu'à sa mort, en 1965. Le Cabanon est situé à proximité des unités de camping, conçues par Le Corbusier comme un prototype d'habitat de loisir.

L'écrivain Romain Gary à Roquebrune-Cap-Martin

En 1949, Romain Gary, qui avait passé sa jeunesse à Nice, achète une maison aux numéros 4-6 de l'impasse Scarouget. Il y écrit une bonne partie de son roman *Les Racines du ciel*, qui allait lui valoir le prix Goncourt en 1956. Une plaque commémorant son passage, de 1950 à 1957, est installée à l'entrée de l'impasse, première ruelle sur la droite en longeant la rue de la Fontaine en direction de l'olivier bimillénaire.

Promenade Le Corbusier.

Activités (voir carte p. 45)

Randonnée pédestre

Promenade Le Corbusier [21]

Baptisée en hommage à l'architecte et urbaniste arrivé à Roquebrune dans les années 1960 et qui aimait tant s'y balader, la promenade Le Corbusier longe les contours sauvages et escarpés du bord de mer. Comptez une bonne heure depuis le Cap jusqu'à la pointe de Cabbé.

Cafés et restos

(voir carte p. 45)

Le Kiosk €-€€ [37]

avr à oct lun-sam 10h à 19h; av. Winston Churchill, stationnement Pointe du Cap, 06.08.63.45.57

On va au Kiosk pour son mythique pan-bagnat, sa viande juteuse et ses portions généreuses, sans oublier sa vue imprenable sur la côte, de Roquebrune à l'Italie.

Casarella €€ [36]

mar-dim midi et soir; 15 rue Grimaldi, 04.93.35.03.57

Ce restaurant recommandé par les résidents de Roquebrune sert une cuisine corse et sicilienne familiale dans un cadre convivial. À goûter : les tagliatelles à l'encre de seiche, les pâtes maison ou les raviolis gratinés.

Logement (voir carte p. 45)

Hôtel Victoria €€-€€€ [47]

7 prom. du Cap-Martin, 04.93.35.65.90, www.hotel-victoria.fr

Hôtel fort agréable à quelques pas de la plage, à la décoration inspirée par Le Corbusier. Chambres spacieuses et modernes, avec un petit balcon où il fait bon lézarder en profitant de la vue. Personnel attentif.

Monte Carlo Beach €€€€€ [48]

mi-mars à mi-oct; 2 av. Princesse Grace, Grande Corniche, 04.93.28.66.66, www.montecarlosbm.com

Joyau de luxe de style années 1930 situé sur un éperon rocheux et entouré d'un magnifique club nautique, avec piscine olympique. Un hôtel exceptionnel doté d'un restaurant gastronomique.

Menton.

Menton

À voir, à faire

(voir carte p. 61)

Labellisée « Ville d'Art et d'Histoire », **Menton** ★ ★ ★ *(www.menton.fr)* est une petite ville où il fait bon vivre. Coincée entre l'Italie, Monaco et l'ancien comté de Nice, elle bénéficie d'un microclimat subtropical qui lui permet de voir s'épanouir une nature florissante. Menton, paradis des jardins botaniques et « capitale du citron », offre également un concentré de toute la richesse architecturale de la Riviera. Il suffit de déambuler dans ses rues bordées de maisons colorées et d'écouter ses accents chantants pour se convaincre de l'importance encore aujourd'hui des influences italiennes. Un héritage fort qui rappelle que les Mentonnais n'ont voté leur rattachement définitif à la France qu'en 1860, sous Napoléon III.

Musée des Beaux-Arts – Palais de Carnolès [1]

entrée libre; mer-lun 10h à 12h et 14h à 18h;
3 av. de la Madone, 04.93.35.49.71

À l'extrémité ouest de la ville, ce palais construit en 1717 pour le prince de Monaco, Antoine Ier Grimaldi, fut acquis en 1961 par la Ville pour abriter le Musée des Beaux-Arts de Menton, qui présente un vaste panorama de l'histoire de l'art européen, du Trecento italien aux artistes du XXe s. comme Dufy et Poliakoff. Fermé pour rénovations au moment de notre passage (réouverture prévue en 2020), le musée est entouré du plus ancien jardin de Menton,

Menton

Les Sablettes Beach

À voir, à faire ★

1. AZ Musée des Beaux-Arts – Palais de Carnolès
2. AZ Serre de la Madone
3. BX Musée Jean Cocteau/ Collection « Séverin Wunderman »
4. BX Ville médiévale
5. BX Chapelle des Pénitents Blancs
6. BX Basilique Saint-Michel
7. AX Salle des mariages de Jean Cocteau
8. AX Musée de Préhistoire régionale
9. BZ Plage du Borrigo
10. BZ Plage du Casino
11. BX Plage du Fossan
12. CY Les Sablettes Beach
13. EX Plage Hawaï
14. CX Jardin botanique exotique du Val Rahmeh
15. DX Jardin Fontana Rosa
16. EX Jardin Maria Serena
17. AY Sainte-Agnès/Jardin médiéval/ Ligne Maginot

Activités ✸

18. CY Centre nautique de Menton

Achats ■

19. BX Au Pays du Citron
20. AX Confitures Herbin
21. BX Huilerie Saint-Michel

Cafés et restos ●

22. AX À Boire À Manger
23. CX Festival Plage
24. CY Les Sablettes Beach
25. EX Mirazur

Logement ▲

26. BY Hôtel Lemon
27. DX Paris Rome

ITALIE
Agrandissement
Voir agrandissement
Tunnel Pascal Molinari
rue du Palmier
rue de Bréa
Marne
Magenta
St-Charles
rue de la République
rue Saint-Michel
quai de Monléon
av. Félix Faure
prom. du Soleil
Quai Napoléon III
D52
D6007
D22
D23
D2566
D124
D6327
av. des Acacias
bd du Fossan
chemin de Colle Supérieure
bd de Garavan
ch. St-Jacques
Porte de France
Prom. de la Mer
av. Blasco Ibáñez
Gare de Garavan
av. Aristide Briand
prom. Reine Astrid
Baie de Garavan
rue Henry Gréville
rue Partouneaux
av. Boyer
av. de Verdun
Gare de Menton
rue des Sœurs Munet
rue Albert Ier
rue Morgan
cours du Centenaire
av. Félix Faure
Baie du Soleil
corniche des Serres de la Madone
av. de la Madone
promenade du Soleil
rue Paul Morillot
Mer Méditerranée
Localisation
Menton
Nice
MONACO
Grasse
Cannes
Draguignan
Fréjus
Saint-Tropez
Toulon
Hyères
0
0,5
1km
©ULYSSE

Musée Jean Cocteau.

dont la collection d'agrumes (137 variétés) serait la plus importante d'Europe. Le jardin reste ouvert pendant les travaux.

Prenez la D23 sur 2 km en direction de Gorbio.

Serre de la Madone ★★ [2]

8€; avr à oct mar-dim 10h à 18h (fév à mars jusqu'à 17h), visites guidées à 15h; 74 route de Gorbio (par la D23), également accessible par le bus nº 7 depuis la gare routière de Menton, 04.93.57.73.90

Féru de botanique, le major britannique Lawrence Johnston parcourut le monde pendant près de 30 ans pour concevoir son jardin de 7 ha, mélange d'espèces méditerranéennes et exotiques. Laissé à l'abandon pendant des années, le jardin appartient depuis 1999 au Conservatoire du Littoral et retrouve peu à peu son lustre d'antan. Petit salon de thé et sélection pointue de livres sur la botanique et le jardinage.

Faites demi-tour par la D23 et rejoignez la promenade du Soleil sur le bord de mer.

Musée Jean Cocteau ★★★ [3]

8€ (visites guidées lun, mer-jeu et sam à 14h30, 6€ en sus); mer-lun 10h à 18h; Musée du Bastion et 2 Quai de Monléon (collection «Séverin Wunderman»), 04.89.81.52.50, www.museecocteaumenton.fr

Le bastion (XVIIe s.) abrite le seul musée au monde dédié au poète, peintre et cinéaste français Jean Cocteau et mis en scène par lui-même. À 200 m, un superbe bâtiment contemporain de 2 700 m, signé par l'architecte Rudy Cicciotti, renferme la **collection «Séverin**

Ville médiévale de Menton.

Wunderman », un fonds exceptionnel de 1 800 pièces, dont un millier ont été réalisées par Jean Cocteau et 450 autres par des artistes comme Picasso et Modigliani. Chaque année, un nouvel accrochage propose une lecture différente de l'œuvre de l'artiste-poète.

Pénétrez à pied dans la ville médiévale qui s'étend derrière le musée Jean Cocteau.

Ville médiévale ★★★ [4]

Construit le long de la voie romaine et protégé par de hauts remparts, le vieux Menton est un enchevêtrement de ruelles étroites, de passages mystérieux et de façades colorées à l'italienne. On y déambule comme dans un décor de théâtre, à l'affût de ses trésors cachés, dont la **chapelle des Pénitents Blancs** [5] (place de la Conception) ou, à deux pas, la superbe **basilique Saint-Michel** [6], qui date du XVIIe s. La mosaïque de son parvis est formée de galets bicolores représentant les armoiries des Grimaldi.

Salle des mariages de Jean Cocteau [7]

2€; lun-ven 8h30 à 12h et 14h à 16h30 (sauf si événements), visites guidées jeu à 14h30 (4€); pl. Ardoïno, mairie de Menton, 04.92.10.50.29, www.museecocteaumenton.fr

Citoyen d'honneur de la ville, Jean Cocteau a été invité en 1957 par la Ville de Menton à décorer sa salle des mariages. Décidé à redorer de tout son lustre le mariage civil, il y a peint des fresques spectaculaires, véritables hymnes à l'amour, qui continuent d'émerveiller les visiteurs.

Sainte-Agnès.

Musée de Préhistoire régionale [8]

entrée libre; mer-lun 10h à 12h et 14h à 18h;
rue Loredan-Larchey, 04.93.35.84.64

Collection de pièces préhistoriques régionales dont la reconstitution de la sépulture de «l'homme de Menton», qui daterait de 28 000 ans. Parcours adapté aux enfants.

Plages de Menton

Les plages de Menton sont belles et relativement peu fréquentées. Le long de la baie du Soleil, à l'ouest du Bastion, vous trouverez les **plages du Borrigo** [9], **du Casino** [10] et **du Fossan** [11]. Puis, en vous dirigeant vers la baie de Garavan, vous croiserez une enfilade de petites plages publiques et une dizaine de très agréables plages privées. Notre préférée: **Les Sablettes Beach** [12], dont les transats matelassés permettent aux estivants d'avoir une vue imprenable sur la vieille ville et ses façades bigarrées. La plus insolite: la minuscule **plage Hawaï** [13], dernière plage de France.

Depuis les plages, rejoignez le quartier de Garavan à l'extrémité est de la ville, à quelques centaines de mètres de la frontière italienne.

Jardin botanique exotique du Val Rahmeh ★ [14]

7€; avr à sept 9h30 à 12h30 et 14h à 18h, en hiver mer-lun 10h à 12h et 14h à 17h;
av. St-Jacques, 04.93.35.86.72, www.mnhn.fr/fr/visitez/lieux/jardin-botanique-val-rahmeh-menton

Créé en 1905 par des Anglais épris de botanique, ce jardin d'exception est un véritable terrain d'expérimentation. Plus de 650 espèces de plantes et d'arbres fruitiers y poussent dans une nature opulente:

pervenche de Madagascar, cocotier du Chili, romarin australien, jacinthes d'eau, ou encore l'arbre mythique de l'île de Pâques, le *Sophora toromiro*, vedette incontournable de ce jardin d'éden.

Jardin Fontana Rosa ★ [15]

6€; lun et ven à 10h (visites guidées uniquement); un peu plus à l'est, av. Blasco Ibáñez, 04.92.10. 97.10

Jardin aménagé autour de la Villa Fontana Rosa par le scénariste et romancier espagnol Vicente Blasco Ibáñez, en exil à Menton de 1921 jusqu'à sa mort, en 1928. Il l'a conçu à la mode valencienne, avec bassins, pergolas ornées de glycines et de roses et bancs accueillants. Classé monument historique.

Jardin Maria Serena ★★★ [16]

6€; mar à 10h (visites guidées uniquement); 21 prom. Reine Astrid, 04.92.10. 97.10

Imaginée à la fin du XVIIIe s. par Charles Garnier (architecte de l'Opéra de Paris), la villa Maria Serena est entourée d'un jardin tropical luxuriant qui offre une vue époustouflante sur Menton. Remarquez sur les hauteurs, à l'arrière de la villa, les deux anciens postes des douanes françaises et italiennes, aujourd'hui abandonnés.

Prenez la D22 au nord de Menton sur 12 km.

Sainte-Agnès ★★★ [17]

Juché sur son rocher, Sainte-Agnès est reconnu comme « le village littoral le plus haut d'Europe ». Depuis la place de l'église, rejoignez par les ruelles pavées ponctuées de passages voûtés le **jardin médiéval**. En raison de son emplacement privilégié, qui plus est à la frontière franco-italienne, Sainte-Agnès a toujours été un poste de défense très convoité. Au sud du village se dresse encore le fort militaire de la **ligne Maginot**, qui servit à repousser les Italiens en juin 1940. Impressionnante ville souterraine, ce système de fortifications comprend des cuisines et de la machinerie.

Activités *(voir carte p. 61)*

Sports nautiques

Centre nautique de Menton [18]

mi-avr à fin sept tlj; prom. de la Mer; 04.93.35.49.70, www.voile-menton.fr

Ski nautique, planche nautique (*wakeboard*) et planche à cru (*wakeskate*), cours de voile, location de catamarans, planches à voile, kayaks et planches à rame.

Achats *(voir carte p. 61)*

Alimentation

Au Pays du Citron [19]

tlj 10h à 19h; 22 rue St-Michel, 04.92.09.22.85, www.aupaysducitron.fr

Du citron sous toutes ses formes: bonbons, confitures, *limoncello* de Menton, huiles d'olive au citron, vodka au citron, liqueurs et même savons.

Citrons de Menton.

Le citron de Menton

Doté d'une Indication géographique protégée (IGP), le citron de Menton est le plus septentrional de cet agrume. Son goût unique vient autant de la fraîcheur de l'air que de l'ensoleillement. On dit que pour survivre à l'hiver, il se gorge d'huiles essentielles et de sucre. Le citron de Menton est célébré depuis 1928 lors de la **Fête du citron** (voir p. 211).

Confitures Herbin [20]
tlj 9h30 à 12h30 et 14h à 19h, dim jusqu'à 17h;
2 rue du Vieux-Collège, 04.93.57.20.29,
www.facebook.com/ConfituresHerbin

Des milliers de pots de délices de toutes les variétés, des plus classiques (abricot, agrumes, figue, griotte, mirabelle) aux plus audacieuses (citron vert et vodka, clémentine et noix de coco, orange et whisky). Visites commentées de la fabrique artisanale *(lun, mer et ven à 10h30; 2 rue Palmaro)* ou visites libres en semaine.

Huilerie Saint-Michel [21]
lun-ven 8h à 12h et 15h à 19h, sam 8h à 12h;
5 rue de Bréa, 04.93.35.71.04,
www.huilerie-saint-michel.com

Depuis 1896, cette entreprise familiale perpétue le savoir-faire de l'huile d'olive.

Cafés et restos

(voir carte p. 61)

À Boire À Manger €-€€ [22]

mar-sam midi et jeu-sam soir; 5 rue du Vieux-Collège, 04.93.17.87.84

Cuisine de bistro: magret de canard et «frites au maïs» maison, hamburgers juteux et planches de charcuteries. Mention spéciale pour le foie gras mi-cuit. L'adresse étant assez prisée, il peut y avoir beaucoup de monde. À essayer si vous disposez de suffisamment de temps.

Les Sablettes Beach €€-€€€ [24]

tlj 9h à 0h; 2 prom. de la Mer, 04.93.35.44.77

Ambiance Saint-Tropez, mais dans un décor épuré, donnant directement sur les façades colorées du vieux Menton sur l'une des plages privées les plus attachantes de la Côte d'Azur. Délicieux restaurant où s'offrir une fine cuisine méditerranéenne, avec plusieurs plats d'inspiration italienne. Prestations de musiciens certains soirs.

Festival Plage €€-€€€ [23]

tlj midi et soir; 10 prom. de la Mer, 06.28.65.50.05, www.facebook.com/FestivalPlageMenton

À proximité du Sablettes Beach, le Festival Plage propose une variété de spécialités régionales (calmars grillés, moules marinières, salade niçoise) dans une ambiance agréable.

Mirazur €€€-€€€€ [25]

mer-dim 12h15 à 14h et 19h15 à 22h; 30 av. Aristide Briand, 04.92.41.86.86, www.mirazur.fr

Campé au pied de l'un des plus vieux avocatiers de France et prolongé par un jardin aromatique à l'ombre des orangers, le Mirazur est le terrain de jeu du réputé chef argentin Mauro Colagreco, dont la cuisine inventive et audacieuse en a fait l'un des meilleurs restaurants au monde. Les réservations se font très longtemps à l'avance.

Logement *(voir carte p. 61)*

Hôtel Lemon €€-€€€ [26]

10 rue Albert Ier, 04.93.28.63.63, www.hotel-lemon.com

Non loin de la gare ferroviaire et à 200 m de la mer, cette jolie villa transformée en hôtel de 18 chambres adopte une philosophie écologique qui englobe autant le choix des matériaux que les plats à base de produits frais servis au petit déjeuner dans le jardin. Ambiance paisible et conviviale.

Paris Rome €€€ [27]

79 Porte de France, quartier de Garavan, 04.93.35.73.45, www.paris-rome.com

Face à la mer, près du port de plaisance de Garavan, ce petit hôtel familial bénéficie d'un charmant patio où l'on peut prendre son petit déjeuner au calme. Quelques chambres donnent sur la mer, mais elles sont plutôt bruyantes. Les chambres les plus tranquilles, un peu plus chères, donnent sur une cour à l'arrière.

3

Monaco

Après l'État de la Cité du Vatican, la principauté de **Monaco** ★★ est le plus petit pays souverain du monde. Avec ses 2 km^2 de superficie pour 38 000 habitants – la plus grande densité au monde –, ses immenses immeubles antisismiques dont chaque mètre carré se vend à prix d'or, ses cylindrées rutilantes, son agitation touristique, sa culture princière aux multiples sagas et son ambiance clinquante de paradis fiscal pour fortunés, Monaco est pour le moins un monde à part.

On serait tenté de passer son chemin tant ce rocher tout de blanc bétonné, fréquenté par une foule de nouveaux riches, peut s'avérer oppressant, mais ce serait en manquer les subtilités et les trésors d'exception.

Le Rocher

À voir, à faire

(voir carte p. 71)

Monaco-Ville, plus communément appelé **le Rocher** ★★★, est le quartier le plus emblématique de la principauté. C'est sur ce promontoire qui surplombe la mer que se trouve le cœur historique et princier de Monaco.

Musée océanographique de Monaco ★★★ [1]

14€; avr à juin et sept tlj 10h à 19h, juil et août tlj 9h30 à 20h, oct à mars tlj 10h à 18h;
av. St-Martin, (377) 93.15.36.00, www.oceano.mc

Inauguré en 1910 par le prince Albert Ier, océanographe et amoureux de la mer, ce superbe musée qui domine la mer possède une collection remarquable de faune marine. Plusieurs espèces rares sont pré-

Musée océanographique de Monaco.

servées dans les quelque 90 bassins d'eau puisée directement dans la Méditerranée. De la terrasse, très beau panorama sur la côte entre l'Italie et l'Estérel.

Longez la ruelle Sainte-Barbe jusqu'à la place du Palais princier.

Palais princier [2]

8€; avr à oct tlj 10h à 17h30; (377) 93.25.18.31, poste 8484, www.palais.mc

Le Palais princier est édifié sur l'emplacement d'une forteresse bâtie par les Génois en 1215. On peut y visiter les Grands Appartements, dont le salon Louis XV tout en bleu et or, le salon Mazarin, la salle du Trône, où fut célébré le mariage du prince Rainier et de Grace Kelly, la Chapelle palatine, construite au XVIIe s., et enfin la tour Sainte-Marie, au sommet de laquelle l'étendard princier flotte si le souverain se trouve dans le Palais. Relève de la garde tous les jours à 11h55.

Fontvieille

À voir, à faire

(voir carte p. 71)

La partie de Monaco dénommée **Fontvieille** ★★ s'étend à l'ouest du Rocher depuis le port situé en face de la place du Palais princier.

Parc paysager de Fontvieille et Roseraie Princesse Grace ★★ [3]

entrée libre; tlj 9h à 18h ou 19h selon la saison; av. des Guelfes, (377) 92.16.61.16

Quatre hectares de pure beauté, où il est agréable de se promener en observant les cygnes voguer sur le petit lac bordé de palmiers et d'oli-

Monaco

À voir, à faire

Le Rocher
1. BZ Musée océanographique de Monaco
2. BY Palais princier

Fontvieille
3. AZ Parc paysager de Fontvieille et Roseraie Princesse Grace
4. BY Collection de voitures anciennes
5. AY Musée naval
6. BY Jardin animalier

Quartier des Moneghetti
7. AY Jardin Exotique et Grotte de l'Observatoire
8. AY Musée d'Anthropologie préhistorique
9. AY Nouveau Musée National de Monaco – Villa Paloma

La Condamine
10. BY Marché de la Condamine

Monte-Carlo
11. CY Casino de Monte-Carlo
12. CY Hôtel Hermitage
13. DX Nouveau Musée National de Monaco – Villa Sauber
14. DX Jardin japonais

Activités

Monte-Carlo
15. EX École Bleue

Cafés et restos

La Condamine
16. BY Quai des artistes

Monte-Carlo
17. EX Il Giardino
18. DX Joël Robuchon Monte-Carlo
19. CX Le Café de Paris
20. CY Louis XV – Alain Ducasse à l'Hôtel de Paris

Bars et boîtes de nuit

La Condamine
21. CY Stars 'n' bars

Monte-Carlo
22. BY Before
23. BY Brasserie de Monaco

Culture et divertissement

Monte-Carlo
24. DX Ballets de Monte-Carlo/ Grimaldi Forum
25. CY Opéra de Monte-Carlo
26. CY Orchestre philharmonique de Monte-Carlo/ Auditorium Rainier III

Logement

La Condamine
27. BY Hôtel de France

Monte-Carlo
28. CY Hôtel Hermitage

FRANCE
MONACO
MONTE-CARLO
LA CONDAMINE
MONEGHETTI
MONACO-VILLE
FONTVIEILLE
Mer Méditerranée
Port Hercule
Port Fontvieille
Port de Cap d'Ail
Plage du Larvotto
Quai Rainier III
Quai Antoine Ier
Tunnel Rainier III
Tunnel Larvotto
route de la Moyenne Corniche
av. du Carnier
av. du Général de Gaulle
bd d'Italie
bd du Larvotto
bd des Moulins
av. de Grande-Bretagne
av. Princesse Grace
bd Princesse Charlotte
bd de Suisse
av. de la Costa
av. Henry Dunant
av. de la Madone
av. des Spélugues
av. d'Ostende
bd du Jardin Exotique
bd Belgique
bd Rainier III
av. du Prince Pierre
rue Grimaldi
rue de la Turbie
rue de la Colle
bd Charles III
rue de Milo
rue Terrazzani
bd Albert Ier
route de la Piscine
av. du Port
av. de la Porte Neuve
rue du Gabian
av. Albert II
av. des Papalins
Stade Louis II
Cimetière de Monaco
quai Jean-Charles Rey
Place du Campanin
av. Émile de Loth
ruelle Sainte-Barbe
av. Saint-Martin
Ecloserie Marine de Monaco
D6007
D53
1 2 3 4 5 6 7 8 9 10 11 12 13 14 15 16 17 18 19 20 21 22 23 24 25 26 27 28
a b c d e
x y z
0 0,5 1km
Localisation
Menton
Nice
Monaco
Grasse
Cannes
Draguignan
Fréjus
Mer Méditerranée
Toulon
Saint-Tropez
Hyères
©ULYSSE

viers. Un sentier dévoile des sculptures d'artistes contemporains connus. La roseraie, créée en 1984 par le prince Rainier III en souvenir de son épouse, la princesse Grace, présente pas moins de 8 000 rosiers de 300 variétés différentes.

Collection de voitures anciennes [4]

8€; tlj 10h à 18h; Terrasses de Fontvieille, av. Albert II, (377) 92.05.28.56, www.palais.mc

Pendant près de 30 ans, le prince Rainier III, grand passionné d'automobiles, a collectionné une centaine de voitures anciennes des plus grands constructeurs européens et américains: Dion Bouton 1903, Bugatti 1929, Rolls-Royce 1952, Lamborghini Countach 1986. Un paradis pour les amateurs de belles voitures!

Musée naval [5]

4€; tlj 10h à 18h; Terrasses de Fontvieille, av. Albert II, (377) 92.05.28.48

Plus de 180 maquettes navales représentant la marine, depuis l'Antiquité jusqu'à l'époque moderne. Parmi elles: les célèbres *Titanic* et *Normandie*, la *Gondole impériale* de Napoléon Ier et les bateaux de guerre de Jeanne d'Arc.

Jardin animalier ★ [6]

adultes 5€, enfants 2,50€; juin à sept tlj 9h à 12h et 14h à 19h, oct à fév tlj 10h à 12h et 14h à 17h, mars à mai tlj 10h à 12h et 14h à 18h; Terrasses de Fontvieille, av. Albert II, (377) 93.50.40.30

Fondé par le prince Rainier en 1954, ce parc zoologique favorise le développement de divers spécimens de la faune tropicale et africaine en raison de la situation géographique idéale et du doux climat de Monaco.

Pour rejoindre le quartier des Moneghetti à pied, vous serez obligé de faire une boucle pour contourner le tunnel. Comptez une vingtaine de minutes de marche en passant par la rue de La Colle, puis l'avenue du Prince Pierre jusqu'au boulevard du Jardin Exotique.

Quartier des Moneghetti

À voir, à faire

(voir carte p. 71)

Situé dans le nord-ouest de la Principauté, le **quartier des Moneghetti** ★★ est essentiellement résidentiel, mais la beauté de son jardin exotique attire chaque année de nombreux touristes.

Jardin Exotique et Grotte de l'Observatoire ★★ [7]

adultes 7,20€, enfants 3,80€ (billet combiné avec le Musée d'Anthropologie préhistorique); fév à avr et oct tlj 9h à 18h, mai à sept tlj 9h à 19h, nov à jan tlj 9h à 17h; 62 bd du Jardin Exotique, (377) 93.15.29.80, www.jardin-exotique.mc

Le Jardin Exotique s'accroche à la Moyenne Corniche et offre une vue plongeante sur la mer. Inauguré en 1933, ce labyrinthe à flanc de rocher regroupe quelque 7 000 variétés de cactées. Sur le site même du Jardin Exotique, à 60 m sous terre,

Jardin Exotique de Monaco.

vous pouvez également visiter la grotte préhistorique de l'Observatoire, où les tout premiers Monégasques auraient vécu il y a près de 300 000 ans.

Musée d'Anthropologie préhistorique [8]

adultes 7,20€, enfants 3,80€ (billet combiné avec le Jardin Exotique); tlj 9h à 18h (hors saison jusqu'à 17h); 56 bd du Jardin Exotique, (377) 98.98.80.06, www.map-mc.org

Ce musée regroupe de nombreux outils en pierre, fossiles et ossements tirés des fouilles archéologiques des environs. De quoi retracer les jalons les plus marquants de l'histoire de l'humanité.

Nouveau Musée National de Monaco – Villa Paloma [9]

6€ (billet combiné avec la Villa Sauber); tlj 10h à 18h (juin à sept jusqu'à 19h); 56 bd du Jardin Exotique, (377) 98.98.48.60, www.nmnm.mc

Tout comme la **Villa Sauber** (voir p. 75), la Villa Paloma du Nouveau Musée National de Monaco propose des expositions temporaires d'œuvres d'artistes contemporains.

La Condamine

À voir, à faire

(voir carte p. 71)

Le quartier de **la Condamine** ★★ abrite le port Hercule et sépare le Rocher du quartier de Monte-Carlo.

Marché de la Condamine ★★ [10]

Ancienne halle remontant au début du XXe s. et lieu de rencontre favori des plus anciennes familles de Monaco, qui habitent le quartier depuis toujours. Vous y trouverez également de quoi vous restaurer.

Cafés et restos

(voir carte p. 71)

Quai des artistes €€-€€€ [16]
tlj 12h à 14h30 et 19h à 23h; 4 Quai Antoine Ier, (377) 97.97.97.77, www.quaidesartistes.com
Dotée d'une jolie terrasse en bordure du port Hercule, cette brasserie de style parisien loge dans un joli espace à hauts plafonds. Son décor a bénéficié de l'apport artistique de plusieurs peintres, pour la plupart locaux. Si la carte change au gré des saisons, on peut toutefois y déguster gnocchis, poissons et fruits de mer tout au long de l'année.

Bars et boîtes de nuit

(voir carte p. 71)

Stars 'n' bars [21]
tlj 11h à 0h; 6 Quai Antoine Ier, (377) 97.97.95.95, www.starsnbars.com
Bar animé où l'on vient dévorer un énorme steak avant de descendre au sous-sol pour aller s'amuser dans la salle de jeux ou avant de siroter un cocktail au *lounge* du Deck, dont la terrasse en verre surplombe le port. Espace dédié aux enfants avec animations.

Logement (voir carte p. 71)

Hôtel de France €€-€€€ [27]
6 rue de La Turbie, (377) 93.30.24.64, www.hoteldefrance.mc
Hôtel sans prétention mais bien situé non loin de la gare ferroviaire, dans une petite rue calme de la Condamine, un des quartiers les plus sympathiques de Monaco. Un bon pied-à-terre pour explorer la Principauté. Établissement de deux étages sans ascenseur.

Monte-Carlo

À voir, à faire

(voir carte p. 71)

L'attrait principal de **Monte-Carlo** ★★ demeure son célèbre casino, lieu mythique de la Belle Époque. Place au clinquant et à l'exubérance, aux millionnaires qui vont et qui viennent dans leurs voitures aux vitres teintées, laissant parfois leurs rêves s'échouer sur le tapis vert des salons de jeu. Le faste de Monte-Carlo se joue là, sous les yeux éberlués du passant qui observe le film s'animer, confortablement assis à la terrasse du Café de Paris. Un spectacle qui se prolonge jusque tard dans la nuit, sur la place du Casino.

Casino de Monte-Carlo ★★★ [11]
entrée libre au Casino, visite des salons 17€; tlj 10h à 13h; pl. du Casino, (377) 92.16.20.00, www.montecarlosbm.com
Le Casino fut inauguré pour la première fois en 1863 avant d'être reconstruit en 1878 par Charles Garnier. On y trouve une salle d'opéra, qui accueille créations lyriques et ballets depuis plus d'un siècle. Ce sont cependant les salons de jeux

Casino de Monte-Carlo.

qui attirent les joueurs du monde entier.

Hôtel Hermitage ★★ [12]

square Beaumarchais

Emblème de la Belle Époque, cet hôtel datant de 1900 est un pur bijou du genre. Plafonds à fresques dans le jardin d'hiver, coupole signée Gustave Eiffel et colonnes de marbre rose dans sa somptueuse salle de banquet.

Nouveau Musée National de Monaco – Villa Sauber ★ [13]

6€ (billet combiné avec la Villa Paloma); tlj 10h à 18h (juin à sept jusqu'à 19h);
17 av. Princesse Grace, (377) 98.98.91.26, www.nmnm.mc

Construit à la fin du XIXe s. par Garnier, cet hôtel particulier propose des expositions temporaires d'œuvres d'artistes contemporains.

Jardin japonais ★ [14]

entrée libre; tlj 9h au coucher du soleil;
5 av. Princesse Grace

Imaginé par l'architecte-paysagiste Yasuo Beppu, ce jardin fut conçu selon les principes de la philosophie zen, qui allie en harmonie la pierre, l'eau et la verdure. Quelque 7 000 m^2 où se ressourcer, en pleine ville.

Activités *(voir carte p. 71)*

Plongée sous-marine

École Bleue [15]

esplanade du Larvotto, 37 av. Princesse Grace, 06.78.63.50.52, www.csam-monaco.com/ecoles

Le champion du monde d'apnée, Pierre Frolla, a créé cette académie de la mer qui permet aux enfants de 8 ans et plus et aux plongeurs débutants de découvrir la faune et la flore marines.

Cafés et restos

(voir carte p. 71)

Il Giardino €-€€ [17]

lun-ven 12h à 14h30 et 19h à 22h30, sam 19h à 22h30; 29 bd d'Italie, (377) 93.50.12.50, https://il-giardino-monaco.eatbu.com

Un restaurant typiquement italien, où vous pourrez manger une délicieuse pizza napolitaine cuisinée devant vos yeux par le pizzaiolo. Prix raisonnables pour Monaco et service agréable.

Le Café de Paris €€€ [19]

tlj 12h à 15h et 19h à 23h30; pl. du Casino, (377) 98.06.76.23, www.montecarlosbm.com

On va au Café de Paris, situé sur la place du Casino à Monte-Carlo, pour son cadre élégant Belle Époque et sa terrasse, qui vous plongera aux premières loges de l'action. Comme les prix sont prohibitifs et le service plutôt quelconque, contentez-vous d'un apéritif ou d'un dessert pour profiter de la beauté du lieu.

Joël Robuchon Monte-Carlo €€€€ [18]

tlj 12h15 à 14h et 19h30 à 22h30 (juil et août jusqu'à 23h); Hôtel Métropole, 4 av. de la Madone, (377) 93.15.15.10, www.metropole.com

Figure incontournable de la gastronomie française, Joël Robuchon révèle sa cuisine inventive et savoureuse par l'entremise du chef Christophe Cussac, qui s'active aux fourneaux pour le plaisir des gourmets attablés dans ce majestueux restaurant.

Louis XV – Alain Ducasse à l'Hôtel de Paris €€€€ [20]

Hôtel de Paris, pl. du Casino, (377) 98.06.88.64, www.ducasse-paris.com

Chef de cet établissement haut de gamme au décor royal et très ornementé, Alain Ducasse se passe de présentations. Il compte parmi les plus grandes toques du monde et sa cuisine se veut inventive, fraîche et raffinée.

Bars et boîtes de nuit

(voir carte p. 71)

Before [22]

mar-mer 18h à 1h, jeu-sam 18h à 2h; port Hercule, 6 route de la Piscine, (377) 97.97.07.07

Lieu incontournable des soirées monégasques pour siroter un verre au son de la musique *live*, sur l'un des tabourets cloutés à l'ancienne. DJ dès 23h.

Brasserie de Monaco [23]

tlj 12h à 2h; port Hercule, 36 route de la Piscine, (377) 97.98.51.20

Bière monégasque (blonde, rousse ou blanche) brassée sur place à partir de malts bios. Visite guidée de la fabrique et initiation au brassage sur réservation. Retransmission des événements sportifs, DJ et musique *live*. *Happy hour* de 18h à 20h.

Hôtel Hermitage.

Culture et divertissement

(voir carte p. 71)

Ballets de Monte-Carlo [24]

(377) 98.06.28.55,
www.balletsdemontecarlo.com

Dirigée par le chorégraphe Jean-Christophe Maillot, la compagnie des Ballets de Monte-Carlo propose chaque année un répertoire hors du commun. Un haut lieu pour les amoureux de la danse, avec expositions, cours de danse et ateliers. Spectacles au **Grimaldi Forum** [24] *(10 av. Princesse Grace, 377.99.99.20.20, www.grimaldiforum.com)* et à l'**Opéra de Monte-Carlo** [25] *(pl. du Casino, 377.98.06.28.00, www.opera.mc)*.

Orchestre philharmonique de Monte-Carlo

(377) 98.06.28.28, www.opmc.mc

Quelques belles émotions musicales en perspective. Spectacles à l'**Auditorium Rainier III** [26] *(bd Louis II, 377.93.10.85.00)*, au Grimaldi Forum (voir ci-dessus) ou dans la cour d'honneur du Palais princier (voir plus haut) en été.

Logement *(voir carte p. 71)*

Hôtel Hermitage €€€€€ [28]

square Beaumarchais, (377) 98.06.40.00,
www.hotelhermitagemontecarlo.com

Revivez le faste de la fin du XIXe s. dans cet hôtel de grand luxe qui abrite le restaurant gastronomique Le Vistamar et sa terrasse ainsi que les Thermes Marins Monte-Carlo. Le tout à deux pas du Casino.

4

Les vallées Roya et Bévéra, aux portes du Mercantour

De Peillon, dans l'arrière-pays monégasque, à Tende, aux portes du Mercantour et de sa fameuse **vallée des Merveilles** ★★★, les vallées de la Roya et de la Bévéra s'ouvrent sur des paysages qui semblent coupés du monde. La région englobant ces deux cours d'eau, voies de communication historiques entre la Méditerranée, les Alpes et le Piémont italien, a conservé son charme d'antan. Le temps semble s'y être arrêté, contraint par la force de la nature qui y règne en maître. Entourés de hauts sommets verdoyants dont les flancs plongent dans des gorges profondes, quelques villages de caractère résistent tant bien que mal aux pressions du XXIe s.

Si vous êtes en voiture, rejoignez Peillon depuis Nice par la M2204B puis la D21 (19 km).

Peillon

À voir, à faire

(voir carte p. 81)

Avec ses «maisons-remparts» sur la falaise, ce petit village perché, inscrit aux Monuments historiques, figure parmi les plus beaux de la Côte d'Azur. **Peillon** ★★ a d'ailleurs été souvent immortalisé par des artistes. On s'y évade comme on échapperait au temps, pour une pause de charme à l'écart du bouillonnement touristique. Il est préfé-

Peillon.

rable de s'y rendre en voiture, car le village est très mal desservi par le train, et la gare est à 1h de marche.

Le village ★★ [1]

Peillon se laisse découvrir à pied. Perdez-vous dans ses ruelles étroites et sinueuses, faufilez-vous sous ses passages voûtés et grimpez ses escaliers vers la **chapelle des Pénitents Blancs** (XIIe s.), dont les fresques murales attribuées à Giovanni Canavesio (XVe s.) ainsi que l'autel valent le coup d'œil.

Cafés et restos

(voir carte p. 81)

Les Plaisirs €€ [27]

jeu-mar midi; 2 rue Puada dau Gourguet, 04.93.87.06.01, www.lesplaisirs-peillon.com

Cuisine niçoise revisitée avec grand talent, à partir de produits de qualité et de légumes du potager. La passion de la gastronomie transmise avec brio par un jeune chef allumé.

Auberge de la Madone €€€ [26]

fermé mer et mi-oct à jan, sauf pendant les Fêtes; 04.93.79.91.17, 3 pl. Auguste Arnulf, www.auberge-madone-peillon.com

Cuisine du terroir goûteuse et raffinée, concoctée avec des produits frais et présentée avec un réel souci du détail. Service attentif et discret. Belle carte des vins. L'établissement propose aussi quelques chambres confortables et calmes, avec vue sur le village.

Depuis Peillon, poursuivez sur la D21 puis la D53 (12 km).

Les vallées Roya et Bévéra, aux portes du Mercantour

À voir, à faire ★

Peillon
1. BY Le village/Chapelle des Pénitents Blancs

Peille
2. BY Le village

Sospel
3. BX Palais de la Gabelle
4. BX Place et cathédrale Saint-Michel
5. BX Place du Château
6. BX Pont-Vieux
7. BX Chapelle des Pénitents Blancs/ Place Sainte-Croix

Breil-sur-Roya
8. CX Le village
9. CX Église Santa-Maria-in-Albis

Saorge
10. CW Le village
11. CW Église Saint-Sauveur
12. CW Monastère de Saorge

La Brigue
13. CV Collégiale Saint-Martin/Chapelle de l'Annonciade/Chapelle de l'Assomption
14. CV Pont du Coq
15. CV Sanctuaire Notre-Dame des Fontaines

Tende
16. CV Le village/Collégiale Notre-Dame de l'Assomption
17. CV Musée départemental des Merveilles

Activités

Peille
18. BY Ancienne voie romaine
19. BY Col de la Madonne
20. BY Mont Baudon

Sospel
21. BX ABC D'Air

Breil-sur-Roya
22. CX Roya Évasion

Tende
23. BV Parc national du Mercantour
24. CV Sherpa Merveilles
25. CV Via Ferrata des Comtes Lascaris

Cafés et restos ●

Peillon
26. BY Auberge de la Madone
27. BY Les Plaisirs

Peille
28. BY Cauvin chez Nana

Tende
29. CV La Taverne

Logement ▲

Sospel
30. BX L'Auberge Provençale

ITALIE
Valdeblore
Saint-Martin-Vésubie
Venanson
Parc national du Mercantour
23
16,17
25
29
Tende
D6204
D91
La Brigue
14
D143
24
D43
Saint-Dalmas de Tende
13
15
Belvédère
La Bollène-Vésubie
D70
Lantosque
D6204
Fontan
D38
Saorge
D138
10,11,12
D6204
D2566
La Tour
Moulinet
Breil-sur-Roya
8,9
22
D2566
Utelle
D2204
D6204
Duranus
D21
3-7
21
30
Lucéram
D15
Fanghetto
Olivetta San Michele
Sospel
Bonson
Levens
Coaraze
D2204
D2204
D2566
D2566
Gilette
ITALIE
Touët-de-l'Escarène
Bendejun
L'Escarène
Castillon
Torri
Saint-Martin-du-Var
Saint-Blaise
Berre-les-Alpes
Contes
D21
20
Le Broc
Châteauneuf-Villevieille
Blausasc
Peille
Castellar
2
19
Sainte-Agnès
Castagniers
D15
18
Latte
28
A8
Carros
Tourrette-Levens
D53
Gorbio
Ventimiglia
Aspremont
Mortola Inferiore
Peillon
1
Menton
26,27
Cantaron
D21
Colomars
Drap
Roquebrune-Cap-Martin
Falicon
La Turbie
M6202
La Trinité
A8
MONACO
Èze
M2204B
Villefranche-sur-Mer
Cap d'Ail
Mer Méditerranée
A8
Nice
Saint-Isidore
Beaulieu-sur-Mer
Localisation
Nice
Menton
Grasse
Draguignan
Cannes
MONACO
Fréjus
Saint-Laurent-du-Var
Saint-Jean-Cap-Ferrat
Toulon
Saint-Tropez
Mer Méditerranée
Hyères
0
5
10km
©ULYSSE
a
b
c
v
w
x
y
z

Le Train des Merveilles

Le **Train des Merveilles** *(juin à sept tlj, mai et oct sam-dim)* dessert les villages des vallées du Paillon, de la Roya et de la Bévéra jusqu'aux portes du Mercantour. Reconnu comme l'une des plus étonnantes voies ferrées d'Europe, le tracé du Train des Merveilles est aussi remarquable par la prouesse de génie qui a présidé à sa construction au début du XXe s. Véritable vitrine sur les richesses géographiques et patrimoniales dont regorgent ces vallées, le train se faufile entre les montagnes, dévoilant au passage des trésors étonnants. En été, un guide-conférencier en commente le parcours, sur le trajet de Nice (départ à 9h17) à Tende (arrivée à 11h24).

Pour 16€, le billet *Zou Pass! (www.tendemerveilles.com)* permet d'utiliser le Train des Merveilles et de voyager pendant 24h, de façon illimitée, dans tout le département des Alpes-Maritimes.

Peille

À voir, à faire

(voir carte p. 81)

Entre ses cyprès à flanc de colline, ses oliviers et ses figuiers aux effluves apaisants, cette ancienne cité consulaire du Moyen Âge dégage un charme fou. **Peille** ★★ est d'autant plus étonnant qu'il a su résister, on ne sait trop comment, au terrible tremblement de terre de 1887, l'un des plus violents qu'ait connu la Côte d'Azur. Comme pour Peillon, il est préférable de se rendre à Peille en voiture, car il faut compter 1h30 de marche depuis la gare pour rejoindre le village.

Le village ★★ [2]
Enfoncez-vous dans ses calades, ces ruelles pavées en pente, qui sentent déjà si bon la Provence, admirez ses belles maisons romanes et ses passages voûtés, arrêtez-vous un instant devant la ravissante fontaine gothique et poursuivez jusqu'au monument aux morts par la ruelle Lascaris, pour vous émerveiller devant les oliveraies et les jardins en terrasses de Peille.

Activités *(voir carte p. 81)*

Randonnée pédestre

Plusieurs randonnées s'offrent aux marcheurs. Vous pouvez rejoindre Peillon par l'**ancienne voie romaine** [18] (2h), le **col de la Madonne** [19] (1h) ou crapahuter jusqu'au **mont Baudon** [20] pour aller admirer la vue (2h).

Cafés et restos

(voir carte p. 81)

Cauvin chez Nana €€-€€€ [28]

5 place Carnot, 04.93.79.90.41

Petit restaurant généreux où l'on découvre une cuisine régionale authentique (raviolis aux blettes, beignets de courgettes, pissaladière). Vous en sortirez repu, avec cette impression d'avoir été invité à manger chez votre grand-mère niçoise d'adoption.

Reprenez la D53 puis la D21 vers le nord (36 km). Vous quittez alors la vallée du Paillon pour rejoindre la vallée de la Bévéra.

Sospel

À voir, à faire

(voir carte p. 81)

Commune chargée d'histoire et nichée dans un bassin verdoyant, **Sospel** ★ fut un lieu de passage obligé sur la « route du sel » entre Nice et Turin. Deuxième ville du comté de Nice à l'époque, elle abrita également l'évêché, ce qui explique la présence d'une cathédrale (XVIIe s.) et, plus tard, la construction de la ligne Maginot, un système de fortifications dont l'un des forts

Peille.

est encore ouvert au public sur les hauteurs du village.

Palais de la Gabelle [3]

La rue Saint-Pierre abrite l'ancien palais de la Gabelle, où l'on percevait la gabelle, soit l'impôt sur le sel. Cette maison à étage en pierre de taille arbore une fenêtre Renaissance et de très belles corniches sculptées.

Au bout de la rue Saint-Pierre, on atteint le plus bel endroit de Sospel : la place Saint-Michel.

Place et cathédrale Saint-Michel ★ [4]

Pavée de galets et bordée de maisons à arcades du Moyen Âge et des chapelles des Pénitents Gris et Rouges, la **place Saint-Michel** est dominée par l'imposante façade de la **cathédrale Saint-**

Michel. Reconstruite entre 1641 et 1720 dans le style baroque, elle a conservé son clocher lombard du XIIe s. L'intérieur renferme plusieurs œuvres d'art, parmi lesquelles un orgue à l'italienne du XIXe s., une *Pietà des Pénitents Blancs* du XVIe s. et un retable de la *Vierge Immaculée* (1520) attribué à François Bréa, neveu de l'illustre peintre niçois Louis Bréa.

Place du Château [5]

D'étroites ruelles montent vers la place du Château. Les vestiges des anciens remparts témoignent des besoins de protection qui existaient dans les villages au Moyen Âge. À remarquer, la très belle porte de l'enceinte sud près du lavoir et la tour d'angle avec ses archères.

Pont-Vieux [6]

Véritable trait d'union entre les deux rives de la Bévéra depuis le XIIIe s., le Pont-Vieux faisait l'objet d'un péage sur la « route du sel » et sa tour centrale servait d'habitation. Démolies lors de la retraite allemande en 1944, ses deux arches emblématiques ont été reconstruites en 1951.

Chapelle des Pénitents Blancs [7]

Sur la **place Sainte-Croix**, de l'autre côté de la rive, s'élève la chapelle des Pénitents Blancs, construite au XVIe s. et restaurée aux couleurs italiennes. Le clocher triangulaire date du XIXe s.

Activités *(voir carte p. 81)*

Parapente

ABC D'Air [21]

04.93.21.11.39 ou 06.81.09.80.52, www.abcdair.fr

École agréée par la Fédération Française de Vol Libre. Baptême biplace, journées découvertes, stages à la semaine ou en week-end (initiation et perfectionnement).

Logement *(voir carte p. 81)*

L'Auberge Provençale € [30]

route du Col de Castillon, 04.93.04.00.31, www.aubergeprovencale.fr

Cette auberge bénéficie d'un emplacement de choix en surplomb sur le village, avec une vue imprenable sur la vallée de la Bévéra. Soigneusement tenue, elle constitue une halte sympathique. Chambres confortables. Joli jardin ombragé sur lequel s'ouvre une salle à manger lumineuse et pleine de charme. Un sentier mène au village en 10 min.

Continuez vers Breil-sur-Roya (à 23 km) en prenant la D2204, qui traverse le col de Brouis.

Breil-sur-Roya

À voir, à faire

(voir carte p. 81)

Bâti à 300 m d'altitude, le village de Breil-sur-Roya marque l'entrée du

Breil-sur-Roya.

Parc national du Mercantour. C'est là que le Train des Merveilles (voir plus haut) fut inauguré en 1928. Encore aujourd'hui, on y trouve un nombre incalculable d'oliviers, témoins de l'importante production d'huile d'olive AOC. Une végétation qui contraste avec les strates de calcaire de la roche. Paradis des sportifs amateurs de sensations fortes, l'endroit propose de nombreuses activités.

Le village ★ [8]

Les ruelles pittoresques de la vieille ville, dans l'anse de la Roya, suivent les pentes de la montagne. On peut y admirer les façades en trompe-l'œil et les restes des remparts. Remarquez le clocher Saint-Jean derrière la gare, seul vestige d'une église romane du XIe s.

Église Santa-Maria-in-Albis ★ [9]

Église baroque avec des voûtes peintes, un triptyque datant de l'an 1400, de belles pièces d'orfèvrerie et un impressionnant buffet d'orgue.

Activités *(voir carte p. 81)*

Tourisme d'aventure

Roya Évasion [22]
11 bd Rouvier, 04.93.04.91.46,
www.royaevasion.com
Canyoning, rafting, excursions en véhicule tout-terrain, via ferrata et randonnée dans le Parc national du Mercantour.

Quittez par la D6204 en direction de Saorge (à 9 km), puis bifurquez vers la droite sur la D138.

Saorge

À voir, à faire

(voir carte p. 81)

Lorsqu'on est sur la route en provenance de Breil-sur-Roya, on découvre l'étrange village de **Saorge** ★★★, posé en équilibre sur une crête et construit en amphithéâtre à 500 m d'altitude. Accroché à une montagne qui domine les gorges de la Roya, ce village classé monument historique a connu bien des combats du fait de son emplacement stratégique. Saorge se trouve à 20 min à pied de la gare par la route qui monte en lacet (difficile avec des enfants, ne pas prendre les sentiers).

Le village ★★ [10]

Le village est un dédale de rues étroites dans lesquelles se succèdent de nombreuses maisons des XVe et XVIe s. Ne manquez pas les parements en pierre au-dessus des portes de la rue Doumergue, le château des Salines et les vestiges des remparts.

Église Saint-Sauveur [11]

Cette église paroissiale a été reconstruite en l'an 1500 après qu'un incendie eut dévasté le village en 1465. La voûte a cependant été refaite au début du XVIIIe s. À voir: ses peintures baroques en trompe-l'œil, ses retables du XVIIe s. et ses orgues italiens du milieu du XIXe s.

Depuis le village, accédez au monastère de Saorge par le chemin de Repentia (1 km).

Monastère de Saorge ★★★ [12]

6€; juin à sept tlj 10h à 12h30 et 14h30 à 18h30, fév à mai et oct mer-lun 10h à 12h30 et 14h30 à 17h30; 04.93.04.55.55, www.monastere-saorge.fr

Situé dans la partie haute du bourg, cet ancien couvent des Franciscains, fondé en 1633, renferme de véritables trésors: fresques des XVIIe et XVIIIe s., cadrans solaires, boiseries sculptées et ancien chemin de croix peint sur toile. Aujourd'hui résidence d'écrivains, le monastère est flanqué d'un jardin de 3 ha en terrasses, où les résidents cultivent des légumes et des plantes aromatiques et médicinales.

Suivez la D38 en direction nord, puis la D6204 vers La Brigue (à 12 km).

La Brigue

À voir, à faire

(voir carte p. 81)

Le village médiéval de **La Brigue** ★★, niché dans le vallon de la Levens, compte pas moins de sept monuments historiques, dont les vestiges du château Lascaris avec sa tour ronde, une collégiale et des chapelles baroques. Quelques bâtiments arborent des linteaux sculptés dans du schiste vert provenant des carrières de Tende ou du schiste noir extrait des carrières de Realdo.

Saorge.

Collégiale Saint-Martin ★★ [13]

Sur la place, à l'entrée du village, se dresse la collégiale Saint-Martin, construite autour de l'an 1500 dans un style roman lombard avec de forts accents gothiques. À l'intérieur, le décor est riche de nombreuses peintures sur bois, dont le tableau *La Nativité* attribué à Louis Bréa. Deux chapelles entourent la collégiale, la **chapelle de l'Annonciade** (1730), de forme ellipsoïdale, et la **chapelle de l'Assomption** (1725), dont la façade baroque cache un décor typiquement Renaissance.

Pont du Coq [14]

Ce pont «coudé» du XVe s. puise son originalité dans le fait qu'on y accède par une rampe à angle droit.

Du village, le sanctuaire Notre-Dame des Fontaines est accessible à pied (comptez 1h de marche par la route ou 1h30 par le sentier d'interprétation). En voiture, quittez La Brigue par la D43, puis prenez la D143 à droite (4 km).

Sanctuaire Notre-Dame des Fontaines ★★ [15]

4€, visite guidée 6€; mai à sept tlj 10h à 12h30 et 14h à 17h30, hors saison sur réservation;
renseignements au Bureau de Tourisme de La Brigue, pl. St-Martin, 04.83.93.95.50

La «chapelle Sixtine des Alpes méridionales» abrite 220 m² de fresques du XVe s. attribuées au peintre piémontais Giovanni Canavesio, qui traduisent bien les troubles politiques de cette période.

Depuis La Brigue, suivez la D43, puis bifurquez vers la droite sur la D6204 en direction nord (6 km).

Le Parc national du Mercantour et sa vallée des Merveilles

Exceptionnel par sa biodiversité, ses paysages et son patrimoine, le **Parc national du Mercantour** ★★★ *(www.mercantour.eu)* est un espace préservé et classé qui compte de superbes sentiers de randonnée. Il accueille non seulement plusieurs centaines d'espèces animales composées de grands ongulés (chamois, cerfs, bouquetins), d'oiseaux (perdrix des neiges, aigle royal), de reptiles et d'insectes, mais également une flore unique en Europe. Il abrite en effet plus de 2 000 des 4 200 espèces connues en France, dont 40 qu'on ne trouve nulle part ailleurs dans le monde.

Au cœur même du parc trône le mont Bégo, entouré de deux hautes et larges vallées qui s'étalent de chaque côté, la vallée des Merveilles et le val de Fontanalbe. Modelées toutes deux par des glaciers il y a 10 000 ans, elles sont parsemées de quelque 40 000 gravures rupestres remontant au Néolithique récent (3600-3000 av. J.-C.). Selon les archéologues, ces gravures témoigneraient du caractère sacré du mont Bégo, qui fut probablement un sanctuaire voué au culte de la fertilité.

Ces œuvres étant très fragiles, et l'endroit bien protégé, les randonneurs doivent impérativement suivre les sentiers balisés ou faire appel à un guide certifié. Les randonnées guidées sont idéales pour apprécier au mieux la faune et la flore et accéder aux plus belles gravures.

Tende

À voir, à faire

(voir carte p. 81)

Le village de **Tende** ★ frappe par son étalement le long de la montagne. Au sommet subsistent les restes du château des comtes Lascaris, lequel a dominé le village jusqu'à la fin du XVIIe s. Au Moyen Âge, Tende permettait l'entrée au Piémont. Mais surtout, Tende, dont la commune comprend la vallée des Merveilles, le val de Fontanalbe et aussi la vallée de Valmasque dans le Parc national du Mercantour, est le

Tende.

point de départ idéal pour un grand nombre de randonnées de tous niveaux (navettes quotidiennes pour Castérino en juillet et en août).

Le village ★ [16]
L'Office de Tourisme de Tende propose un plan détaillé permettant de découvrir les éléments d'architecture historiques du village. Comptez 1h pour en faire le tour (sans compter la montée vers le château, qui ne présente pas grand intérêt). Ne manquez pas l'impressionnante **collégiale Notre-Dame de l'Assomption** et son orgue datant de 1807.

Musée départemental des Merveilles ★★ [17]
entrée libre; mai à mi-oct tlj 10h à 18h30, mi-oct à avr mer-lun 10h à 17h; av. du 16 Septembre 1947, 04.93.04.32.50, https://museedesmerveilles.departement06.fr
Musée très didactique et ludique pour tous les âges, qui permet de comprendre l'histoire de cette région fascinante, où les archéologues ont retrouvé pas moins de 50 000 gravures rupestres remontant jusqu'au Néolithique. Certaines y sont d'ailleurs exposées.

Activités *(voir carte p. 81)*

Randonnée pédestre

Parc national du Mercantour [23]
renseignements à l'Office de Tourisme de Tende et à la Maison du Mercantour, 103 av. du 16 Septembre 1947, 04.93.04.73.71; Point d'information de Castérino, 04.93.04.89.79, www.mercantour-parcnational.fr
Plus de 600 km de sentiers balisés vous dévoilent une nature magis-

Parc national du Mercantour.

trale et des trésors archéologiques de l'art rupestre. Randonnées pour tous les niveaux, de 45 min à plusieurs jours.

Tourisme d'aventure

Sherpa Merveilles [24]
Saint-Dalmas de Tende, 5 km au sud de Tende par la D6204, 06.88.53.90.46, www.sherpamerveilles.com
Découvrez la Haute Roya et le Parc national du Mercantour autrement: randonnées à thèmes, balades avec des huskys, excursions en véhicule tout-terrain. Hébergement sur place.

Via Ferrata

Via Ferrata des Comtes Lascaris [25]
renseignements à l'Office de Tourisme de Tende: 103 av. du 16 Septembre 1947, 04.83.93.98.82; location de matériel et service de guide chez Stella Alpina: 3 rue Antoine Vassallo, 06.38.34.41.50
Sportive, la Via Ferrata des Comtes Lascaris vous transportera dans le passé grâce à la vue en contre-plongée qu'elle offre sur les vestiges du château médiéval des comtes Lascaris, la grotte des Hérétiques et la chapelle Saint-Sauveur. Parois avec échelons scellés, rampes, passerelle et pont tibétain, pont himalayen et ponts de singe, tyroliennes (glissade le long de câbles), traversées et passages à la verticale pour amateurs de sensations fortes.

Cafés et restos

(voir carte p. 81)

La Taverne €€ [29]
fév à nov mar-dim midi; 71 av. du 16 Septembre 1947, 06.12.98.69.18
Un décor de chalet en bois pour une cuisine de pays tout à fait délicieuse: agneau au romarin, lasagnes maison.

5

De Nice à Cannes

Le bout de pays qui sépare Nice de Cannes est court, à peine 35 km, mais d'une richesse étonnante. Deux mondes s'y déploient : une version balnéaire le long du littoral, qui accueille chaque été les familles et vacanciers du monde entier venus y chercher le soleil et la mer, et dans l'arrière-pays, un tout autre univers, celui des villages médiévaux et de leurs perles cachées. Enfin, ce tronçon de la Côte d'Azur compte quelques merveilles culturelles, comme ces musées dédiés aux plus grands artistes qui y ont un jour déposé leur chevalet.

Pour rejoindre Cagnes-sur-Mer au départ de Nice, suivez la route A8 vers l'ouest.

Cagnes-sur-Mer

À voir, à faire

(voir carte p. 93)

L'agglomération de Cagnes-sur-Mer s'articule en trois secteurs : le **Cros-de-Cagnes**, station balnéaire avec son village de pêcheurs, le centre-ville, moderne, plutôt inintéressant, et le Haut-de-Cagnes (voir ci-dessous), village médiéval dominé par le Château-Musée Grimaldi.

L'un des plus beaux trésors de Cagnes-sur-Mer reste sans équivoque le Domaine des Collettes (voir plus loin), ancienne propriété du peintre Renoir transformée en musée.

De Nice à Cannes

À voir, à faire ★

Cagnes-sur-Mer

1. CX Village médiéval du Haut-de-Cagnes/Château-Musée Grimaldi/Musée de l'Olivier/Donation Solidor/Espace Solidor – Musée du Bijou Contemporain
2. CX Musée Renoir

Villeneuve-Loubet

3. CX Musée Escoffier de l'Art Culinaire
4. CX Forteresse Médiévale
5. CX Marina Baie des Anges

Biot

6. BX Musée d'Histoire et de Céramique Biotoises
7. BX Verrerie de Biot/Écomusée du Verre/Galerie Internationale du Verre
8. BX Pierini, verre contemporain
9. BX Musée national Fernand Léger

Antibes

10. BY Vieux Port
11. BY Vieille Ville
12. BY Musée Picasso
13. BY Musée d'Archéologie
14. BZ Cap-d'Antibes
15. BZ Phare de la Garoupe
16. BZ Jardins de la Villa Eilenroc
17. BZ Jardin botanique de la Villa Thuret
18. AY Château-Musée de Vallauris/Musée National Picasso/Musée de la Céramique/Musée Magnelli

Activités ✸

Cagnes-sur-Mer

19. CX Village des pêcheurs du Cros-de-Cagnes
20. CX Wake Spot

Villeneuve-Loubet

21. CX Canyon Forest
22. BX Le Bois des Lutins

Antibes

23. BZ Sentier de Tirepoil

Achats ■

Cagnes-sur-Mer

24. CX Atelier Esty Grossman

Antibes

25. BY Marché provençal

Cafés et restos ●

Cagnes-sur-Mer

26. CX Fleur de Sel
27. CX Josy-Jo

Villeneuve-Loubet

28. CX Au Garçon Boucher
29. CX L'Auberge Fleurie

Antibes

30. BY La Closerie par Christian Cottard

Bars et boîtes de nuit

Antibes

31. BY Absinthe Bar

Logement ▲

Cagnes-sur-Mer

32. CX Le Grimaldi
33. CX Le Val Duchesse

Biot

34. BX Hôtel-restaurant Les Arcades

Antibes

35. BY Hôtel Mademoiselle
36. BY La Clé de la Porte

De Nice à Cannes

Nice
Parc du Mont Boron
Saint-Jean-Cap-Ferrat
Saint-Laurent-du-Var
Aéroport Nice Côte d'Azur
Cagnes-sur-Mer
Cros-de-Cagnes
Villeneuve-Loubet
Biot
Parc de Vaugrenier
Antibes
Vallauris
Le Cannet
Mougins
Mouans-Sartoux
Valbonne
Voir Cannes p. 109
Île Sainte-Marguerite
Île Saint-Honorat
Baie des Anges
Mer Méditerranée
M336
D2085
D3
D4
D2
D103
D6185
D35
A8
D35BIS
D6007
D6098
D6107
M6098
ch. des Colle
Le Va
1
24
26,27
32
2
3,4
21
28,29
33
5
19,20
22
6,7
34
8
9
10,11,12,13
25
30
31
36
35
15
17
16
14
23
18
Localisation
Nice
Menton
MONACO
Grasse
Cannes
Draguignan
Fréjus
Toulon
Hyères
Saint-Tropez
Mer Méditerranée
0
2,5
5km
©ULYSSE
a
b
c
d
e
x
y
z

Village médiéval du Haut-de-Cagnes ★★★ [1]

Le village médiéval du Haut-de-Cagnes a su conserver le mystère des places fortes de Provence. Il faut en fouler les ruelles en pente pavées de galets, bordées de maisons fleuries. S'y garer peut être difficile, surtout en été, aussi est-il préférable de laisser sa voiture aux stationnements gratuits de la gare routière au centre-ville, d'où part la navette 44 *(gratuit; toutes les 15 min entre 7h et 0h30 en juil et août, entre 7h et 22h30 le reste de l'année)*, qui relie le Haut-de-Cagnes, le centre-ville et les plages du Cros-de-Cagnes.

Château-Musée Grimaldi ★★ [1]

4€, 8€ billet combiné avec le Musée Renoir la même journée, 3€ en sus pour la visite guidée proposée mer, sam et dim à 11h; juil et août mer-lun 10h à 13h et 14h à 18h, sept et avr à juin mer-lun 10h à 12h et 14h à 18h, oct à mars mer-lun 10h à 12h et 14h à 17h; pl. du Château, Haut-de-Cagnes, 04.92.02.47.35

Édifiée par Rainier Ier Grimaldi vers 1300, la forteresse d'origine fut transformée à travers les âges jusqu'à devenir vers 1620 une élégante demeure seigneuriale sous Jean-Henri Grimaldi. Rachetée en 1937 par la Ville, elle abrite aujourd'hui le **Musée de l'Olivier**, la **Donation Solidor** (qui présente une quarantaine de portraits de la chanteuse de cabaret Suzy Solidor, signés par ses amis peintres Dufy, Cocteau, Kisling et Picabia) et des expositions d'art contemporain.

Musée Renoir.

Espace Solidor – Musée du Bijou Contemporain [1]

entrée libre; juil et août mar-dim 14h à 18h, mai, juin et sept mer-dim 14h à 18h, oct à avr mer-dim 14h à 17h; pl. du Château, Haut-de-Cagnes, 04.93.73.14.42

Installé dans l'ancien cabaret-restaurant de la chanteuse Suzy Solidor, ce lieu d'exposition dédié à la joaillerie contemporaine présente des expositions temporaires de créations d'artistes internationaux.

Musée Renoir ★★★ [2]

6€, 8€ billet combiné avec le Château-Musée Grimaldi la même journée; juin à sept mer-lun 10h à 13h et 14h à 18h, oct à mars mer-lun 10h à 12h et 14h à 17h, avr et mai 10h à 12h et 14h à 18h; ch. des Collettes, 04.93.20.61.07

En 1908, Auguste Renoir achète le **Domaine des Collettes** et y fait construire une élégante demeure bourgeoise où il peindra chaque été pendant les 12 dernières années de sa vie. Son fils, le réalisateur Jean

Village médiéval du Haut-de-Cagnes.

Renoir, y a également trouvé refuge. Transformée en musée, la maison a su garder l'esprit du célèbre peintre impressionniste, et dans son jardin enchanté règnent les oliviers millénaires et les orangers. On déambule dans les pièces préservées de la demeure en admirant, non sans émotion, 14 toiles originales et 17 sculptures de l'artiste, son mobilier et son fameux atelier. Un lieu magique chargé d'âme.

Activités *(voir carte p. 93)*

Sports nautiques

Wake Spot [20]
mai à sept tlj 9h à 19h, sur réservation; Base nautique, Cros-de-Cagnes, 06.21.71.12.98, www.wake-spot.com

Cours et tours de ski nautique, planche nautique (*wakeboard*), planche hydropropulsée (*flyboard*), bouées tractées; location de pédalos, planches à rame (*paddles*) et motomarines/scooters des mers (*jet skis*).

Visites guidées

Village des pêcheurs du Cros-de-Cagnes [19]
3€; juil et août jeu à 10h; réservations requises auprès de l'Office du tourisme de Cagnes-sur-Mer, 99 prom. de la Plage

Une visite guidée à la découverte de l'histoire de ce qui fut le plus actif des ports de pêche des Alpes-Maritimes dans les années 1920 et 1930.

Achats *(voir carte p. 93)*

Bijoux

Atelier Esty Grossman [24]
10 rue St-Roch, Haut-de-Cagnes, 06.09.36.54.03, www.estygrossman.com

Esther a adopté le surnom d'Esty comme clin d'œil à ses origines québécoises. La joaillière a travaillé pendant 10 ans chez Birks à Montréal, avant de tomber amoureuse de la Côte d'Azur et d'y installer sa boutique-atelier de bijoux contemporains inspirés par la mer.

Cafés et restos

(voir carte p. 93)

Josy-Jo €€-€€€ [27]
mar-sam midi et soir; 2 rue du Planastel, Haut-de-Cagnes, 04.93.20.68.76, http://restaurant-josyjo.com
Depuis 1970, ce resto sert une cuisine provençale raffinée: farcis, beignets de fleurs de courgettes, poêlée de calmars, viande de qualité grillée sur charbons de bois.

Fleur de Sel €€€ [26]
avr à oct jeu-mar soir, nov à mars ven-mer soir; 85 montée de la Bourgade, Haut-de-Cagnes, 04.93.20.33.33, www.restaurant-fleurdesel.com
Cuisine gastronomique axée sur les produits du terroir du Sud: langoustines en risotto, filet de bœuf aux truffes, socca à l'escalope de foie gras. Impressionnante carte des vins.

Logement *(voir carte p. 93)*

Le Val Duchesse €€ [33]
11 rue de Paris, Cros-de-Cagnes, 04.92.13.40.00, www.levalduchesse.com
Hôtel paisible à quelques centaines de mètres de la mer. On y trouve un stationnement privé et un jardin de palmiers avec piscine.

Le Grimaldi €€€ [32]
6 pl. du Château, Haut-de-Cagnes, 04.93.08.67.12, www.hotelgrimaldi.com
Emplacement idéal pour s'imprégner de l'ambiance du village, à deux pas du Château-Musée Grimaldi. Sans réception ni accueil, cet établissement compte cinq petites chambres confortables et décorées avec goût, mais très bruyantes si on ouvre les fenêtres. Petit déjeuner servi sur la terrasse du restaurant de l'hôtel, qui bénéficie d'une magnifique vue.

Empruntez la M336 puis la D2085 vers l'ouest jusqu'à Villeneuve-Loubet.

Villeneuve-Loubet

À voir, à faire

(voir carte p. 93)

Organisé en deux secteurs, avec sa station balnéaire en bord de mer et son village haut perché, **Villeneuve-Loubet** ★★ est une destination prisée par les familles pour ses nombreuses activités adaptées aux enfants.

Moins « musée » que celui de Cagnes-sur-Mer, l'ancien village de Villeneuve-Loubet se distingue par son milieu de vie paisible. Son château médiéval, évoqué par Dante dans *La Divine Comédie*, en domine les venelles et les escaliers, qui

Marina Baie des Anges.

grimpent au milieu des balcons fleuris et des jolis porches. Malheureusement toutefois, le paysage du bord de mer est gâché par le défilé de campings, motels, hôtels et restaurants de toutes sortes.

Musée Escoffier de l'Art Culinaire ★ [3]

6€; sept à juin tlj 10h à 13h et 14h à 18h (fermé nov), juil et août tlj 10h à 13h et 14h à 19h; 3 rue Auguste Escoffier, 04.93.20.80.51, http://musee-escoffier.com

« Cuisinier des rois et roi des cuisiniers », Auguste Escoffier (1846-1935) a fait connaître sa gastronomie inventive dans les chics palaces de son associé César Ritz. Sa maison natale a été transformée en un musée dédié aux arts de la table et à la cuisine, seul du genre en France. Ce petit musée quelque peu défraîchi révèle ses secrets pendant la visite guidée.

Forteresse Médiévale ★★★ [4]

7€; 4 visites par semaine; réservations 04.92.02.66.16, www.villeneuve-tourisme.com

Propriété privée de la famille Panisse-Passis depuis 1742, ce château (XIIIe s.) est l'un des joyaux de la Côte d'Azur. Les propriétaires, qui l'habitent toujours, ont donné l'autorisation à l'Office de Tourisme de Villeneuve-Loubet d'organiser quelques visites en petits groupes. La magie opère dès le portail grinçant poussé, car de l'extérieur nul ne pourrait se douter de la beauté magnifiquement préservée de ce château.

Marina Baie des Anges [5]

renseignements à l'Office de Tourisme de Villeneuve-Loubet, 16 av. de la Mer, 04.92.02.66.16

Les immeubles modernistes de la Marina Baie des Anges furent édifiés

Verre soufflé de Biot.

selon les plans de l'architecte André Minangoy entre 1969 et 1993. Décrié à l'époque, l'ensemble a depuis reçu le label «Patrimoine architectural du XXe s.» et on l'admire depuis ses jardins privés. Les visites organisées par l'office de tourisme permettent de comprendre l'origine, les principes de la construction et les anecdotes qui entourent cette curiosité architecturale.

Activités *(voir carte p. 93)*

Parcs d'aventure

Canyon Forest [21]
26€ le parcours (3h environ) ou 42€ forfait pour la journée; fév à nov horaire variable; stationnement au 1 av. de la Libération (route de Grasse), 04.92.02.88.88, www.canyonforest.com
Parcours d'aventure de 180 ateliers et jeux avec vélo, escalade et tyroliennes, le tout dans un site naturel exceptionnel. À partir de 8 ans.

Le Bois des Lutins [22]
16€, 8€ enfants 2 à 4 ans; fév à nov horaire variable; 2559 RD 2085, direction Grasse, 04.92.02.06.06, www.leboisdeslutins.com
Parcours de filets au sommet des arbres, village de cabanes perchées et aires de jeux dans un univers ludique de lutins, fées et gnomes. À partir de 2 ans.

Cafés et restos

(voir carte p. 93)

Au Garçon Boucher €€ [28]
lun-sam midi, ven-sam soir; 4 pl. de Verdun, 04.93.08.86.90, www.augarconboucher.fr
Le boucher du village a ouvert son resto avec terrasse à deux pas de sa boutique, gage d'une excellente viande. Les habitants du coin y affluent d'ailleurs le midi.

L'Auberge Fleurie €€-€€€ [29]

juin et août mar-sam midi et soir, sept à juin mar-dim midi, ven-sam soir; 11 rue des Mesures, 04.93.73.90.92, www.laubergefleurievilleneuveloubetvillage.com

En plein cœur du vieux village, L'Auberge Fleurie vous accueille tout aussi bien sur sa charmante petite terrasse que dans sa salle à manger au décor provençal. On y déguste une cuisine régionale savoureuse et joliment présentée, à base des produits du pays.

Au départ de Villeneuve-Loubet, poursuivez toujours vers l'ouest en suivant la D2085, la D2, la D6007 puis la D4 pour entrer à l'intérieur des terres et rejoindre Biot.

Biot

À voir, à faire

(voir carte p. 93)

Successivement fief des Templiers puis des chevaliers de Malte, **Biot** ★★ se présente comme un village fortifié de « maisons-remparts » et de portes médiévales, qui est réputé depuis toujours pour ses poteries et, depuis les années 1950, pour son verre.

Musée d'Histoire et de Céramique Biotoises ★★ [6]

4€; mer-dim 10h à 18h; 9 rue St-Sébastien, 04.93.65.54.54, www.musee-de-biot.fr

Ce musée associatif retrace l'histoire de la tradition potière de Biot, des grandes jarres pour la préservation des denrées aux fontaines d'intérieur, un art plus sophistiqué que les potiers les plus talentueux ont développé dès la fin du XVIIIe s., faisant la renommée du village.

Le verre soufflé de Biot

En 1956, Éloi Monod, ingénieur et céramiste, décide de reprendre les techniques du verre soufflé artisanal d'Italie et d'Espagne pour concevoir les objets habituellement façonnés par les potiers biotois. Il créa ainsi la technique du « verre bullé », dont le principe consiste à emprisonner du bicarbonate de soude entre deux couches de verre chauffées à 1 100 degrés. En se décomposant, le bicarbonate relâche du gaz carbonique pour former les bulles.

Verrerie de Biot [7]

3€, visites guidées 6€; en été lun-sam 9h30 à 19h30, dim 10h30 à 13h30 et 14h30 à 19h30, en hiver lun-sam 9h30 à 18h, dim 10h30 à 13h30 et 14h30 à 18h; ch. des Combes, 04.93.65.03.00, www.verreriebiot.com

Annexe de la première verrerie historique créée par Éloi Monod en 1956, cet établissement permet d'admirer les souffleurs de verre en action. Il accueille également l'**Écomusée du Verre**, pour tout savoir sur les techniques et l'histoire du verre soufflé, ainsi qu'une **Galerie Internationale du Verre**, où le travail de plusieurs verriers du monde entier est exposé.

Pierini, verre contemporain [8]

été lun-sam 10h à 12h30 et 14h à 19h, dim 14h30 à 18h30, reste de l'année lun-sam 10h à 12h30 et 14h à 18h30, dim sur rendez-vous; 9 ch. du Plan, 04.93.65.01.14, http://pierini.fr

La visite de cette boutique doublée d'un centre d'art permet d'admirer de superbes pièces réalisées par Robert Pierini et son fils Antoine, de même que de belles œuvres d'artistes invités. Démonstrations de soufflage de verre et, expérience suprême, initiation à la technique pour une centaine d'euros.

Descendez en direction de la mer par la D4.

Musée national Fernand Léger ★★★ [9]

5,50€; mer-lun 10h à 18h (jusqu'à 17h nov à avr); ch. du Val de Pôme, à 3 km du village, 04.92.91.50.20, http://musees-nationaux-alpesmaritimes.fr/fleger

Dans un cadre empreint de quiétude, ce musée dirigé avec passion et dynamisme présente la plus importante collection d'œuvres de ce peintre de l'avant-garde qu'était Fernand Léger (1881-1955). Agréable buvette sur place.

Logement *(voir carte p. 93)*

Hôtel-restaurant Les Arcades €€-€€€ [34]

14-16 pl. des Arcades, 04.93.65.01.04, www.hotel-restaurant-les-arcades.com

Installé dans un bâtiment du XVe s., cet hôtel a un charme fou avec ses 12 chambres meublées à l'ancienne, son dédale de couloirs garnis de tableaux contemporains et ses cheminées anciennes. Les salles voûtées abritent les œuvres d'artistes locaux d'envergure: Vasarely, Braque, Kolb, César. Cet hôtel vaut le détour ne serait-ce que pour son restaurant, où l'on déguste des spécialités provençales comme les sardines panées ou les savoureux raviolis maison.

Du bord de mer, suivez la D6098 vers l'ouest pour rejoindre Antibes.

Antibes

À voir, à faire

(voir carte p. 93)

Bien que les premières traces de civilisation dans la région remontent à 3 000 ans, c'est vers le IVe s. av. J.-C. que les Grecs fondèrent Antipolis («ville d'en face»), un port d'arrêt entre la Corse et Massalia (Marseille). Devenue romaine en 43 av. J.-C., elle fut choisie comme emplacement de grandes constructions romaines: arc de triomphe, théâtre, amphithéâtre,

Antibes.

forum, aqueducs et thermes. Plus tard, avec l'arrivée du christianisme, Antipolis devint Antiboul, une cité épiscopale. Les invasions répétées et les pillages meurtriers des Sarrasins ont forcé la population à déserter la ville au IXe s. et à s'enfuir dans l'arrière-pays, pour n'y revenir qu'un siècle plus tard.

À la fin du XVIe s., **Antibes** ★★★ reprend de l'importance, jusqu'à devenir en 1608 une cité royale. À partir de 1920, plusieurs artistes, écrivains et acteurs y séjournent : Guy de Maupassant, Georges Sand, Max Ernst, Picasso, Jacques Prévert, Sidney Bechet et Scott Fitzgerald, notamment.

Aujourd'hui les villes d'Antibes et de **Juan-les-Pins** sont regroupées pour former une commune unique de 75 000 habitants.

Vieux Port [10]

Vous pouvez commencer la visite d'Antibes par une promenade dans le vieux port de plaisance, où pavoisent les bateaux de luxe. En longeant les remparts du quai Rambaud, on accède à une petite baie où s'étend une plage sablonneuse très sympathique, la plage de la Gravette.

Vieille Ville [11]

La porte Marine donne accès à l'ancienne ville, divisée en deux : la partie haute – emplacement des anciennes cités ligure, grecque et romaine – et la ville basse, où se trouve le marché. Lorsqu'on remonte les rues en faisant face à la mer, on gagne rapidement les remparts. On y jouit d'une vue magnifique sur le cap d'Antibes et le littoral qui s'étend vers Nice, derrière lequel le massif du Mercantour pointe à l'horizon.

Musée Picasso ★★★ [12]

8€; mar-dim 10h à 18h, fermé 12h à 14h en hiver; pl. Mariejol, 04.92.90.54.20

En 1946, Picasso rencontre le conservateur du château d'Antibes, qui lui propose de s'y installer en résidence. Séduit par les lieux, l'artiste y peindra avec dévouement, laissant à ce qui deviendra le premier musée Picasso presque tout ce qu'il y réalisera. Ses œuvres y sont aujourd'hui exposées autour de trois thèmes: la mythologie, la vie quotidienne des pêcheurs et les nus. Le musée abrite également des œuvres d'autres artistes, dont Fernand Léger, Modigliani et Picabia.

Longez la promenade de l'Amiral de Grasse vers la droite lorsque vous faites face à la mer.

Musée d'Archéologie [13]

3€; mar-dim 10h à 13h et 14h à 18h (jusqu'à 17h hors saison); Bastion St-André, 04.92.90.54.28

Ce musée qui loge dans le Bastion Saint-André présente des vestiges de l'histoire d'Antipolis et de sa région, découverts à la suite de recherches sous-marines et de fouilles terrestres.

Rejoignez Cap-d'Antibes par le boulevard du Maréchal Leclerc puis le boulevard du Cap.

Cap-d'Antibes [14]

Cap-d'Antibes est célèbre pour les somptueuses propriétés qui y ont été construites ainsi que pour son célèbre palace Eden Roc, où défilent les plus grandes stars internationales lors du Festival de Cannes. Tout au long du Cap se succèdent de nombreuses criques qui abritent petits ports et plages de sable fin, dont celles très courues de la Garoupe.

Phare de la Garoupe [15]

route du Phare, Cap-d'Antibes

Du haut du phare de la Garoupe, un des plus puissants de la Méditerranée, on profite d'une vue magnifique sur le littoral, qui s'étend de l'Estérel jusqu'aux Alpes italiennes. De là, vous pourrez descendre par un petit chemin aménagé (15 min; accessible à tous) en longeant un joli jardin, puis continuer jusqu'à la plage en contrebas.

Jardins de la Villa Eilenroc [16]

2€; horaire variable; av. Mrs Beaumont, Cap-d'Antibes, 04.93.67.74.33

Malheureusement, la Villa Eilenroc, avec sa superbe façade palladienne signée Charles Garnier et sa terrasse surplombant la mer, ne se visite pas. Il faut se contenter de se promener dans la végétation luxuriante de son splendide parc.

Jardin botanique de la Villa Thuret [17]

entrée libre; été lun-ven 8h à 18h, jusqu'à 17h30 le reste de l'année; 90 ch. Raymond, 04.97.21.25.00

Créé par le botaniste Gustave Thuret en 1857, ce jardin de 5 ha présente une superbe collection

Musée Picasso.

d'arbres et d'arbustes exotiques de climat méditerranéen. Légué par les héritiers à l'Institut national de la recherche agronomique, il sert de lieu pédagogique.

Rejoignez Vallauris par la D007.

Château-Musée de Vallauris ★ [18]

6€; été mer-lun 10h à 12h et 14h à 18h, jusqu'à 17h le reste de l'année; pl. de la Libération (stationnement gratuit d'une heure à quelques minutes à pied), 04.93.64.71.83, https://musees-nationaux-alpesmaritimes.fr/picasso

Vallauris mérite le détour pour son château. Cet ancien prieuré de l'abbaye de Lérins datant du XIIe s. loge trois musées: le **Musée National Picasso** ★, installé dans la chapelle romane du château et dont les murs sont recouverts de la poignante fresque *Guerre et Paix* de Picasso (1955); le **Musée de la Céramique**, qui retrace l'histoire de la céramique de Vallauris (avec quelques pièces de Picasso) et qui propose des expositions temporaires de designers; enfin, le **Musée Magnelli**, dédié au célèbre peintre italien. Remarquez, sur la place du marché, *L'Homme au mouton*, l'un des trois exemplaires de la fameuse sculpture de Picasso, offert à la Ville par l'artiste.

Activités *(voir carte p. 93)*

Randonnée pédestre

Sentier de Tirepoil [23]

départ sur la plage de la Garoupe (stationnement sur l'avenue André Sella); durée 2h

Ce très beau sentier de difficulté moyenne permet d'apprécier la

Marché provençal d'Antibes.

beauté sauvage de la Côte d'Azur. Engagez-vous sur le chemin côtier jusqu'au Cap Gros. Longez les murs des parcs des châteaux de la Garoupe et de la Croé. Puis, à l'approche de Cap-d'Antibes, le chemin se rétrécit au bord des falaises. Remontez le sentier des Douaniers en entrant dans les terres, suivez l'avenue Mrs Beaumont jusqu'à la route principale, et enfin prenez l'avenue de la Tour Gandolphe pour revenir au point de départ.

Achats *((voir carte p. 93)*

Alimentation

Marché provençal [25]
Les maraîchers, pêcheurs et fromagers locaux se donnent rendez-vous tous les matins de 6h à 13h (sauf le lundi) sur le cours Masséna. Fleuristes sur place aussi.

Cafés et restos

(voir carte p. 93)

La Closerie par Christian Cottard €-€€ [30]
lun-sam 8h30 à 19h, dim 9 à 13h;
8 bd Dugommier, 04.93.34.09.92,
www.patisserie-cottard-antibes.fr
Christian Cottard, champion de France en pâtisserie, et sa compagne québécoise, Andréa, ont réhabilité une superbe villa et sa jolie terrasse arborée aux portes du vieil Antibes, pour ouvrir leur pâtisserie-restaurant. Cuisine légère et subtilement gourmande qui laisse toute la place pour succomber aux desserts. Accueil chaleureux

Absinthe Bar.

et cadre décoré avec beaucoup de goût.

Bars et boîtes de nuit

(voir carte p. 93)

Absinthe Bar [31]

25 cours Masséna, 04.93.34.93.00, www.facebook.com/AbsintheAntibes

Au sous-sol d'une boutique de souvenirs classique, on plonge dans l'univers tamisé des bars d'absinthe d'antan. Vieilles affiches, murs de pierres, bar en zinc et concerts à l'occasion.

Logement (voir carte p. 93)

Hôtel Mademoiselle €€-€€€ [35]

12 av. du Docteur Dautheville, 04.93.61.31.34, www.hotelmademoisellejuan.com

Hôtel design et branché en plein cœur du secteur de Juan-les-Pins, à quelques mètres des plages et des jardins de la Pinède. Excellent petit déjeuner et accueil sympathique.

La Clé de la Porte €€€ [36]

18 rue Aubernon, 06.25.29.43.62, http://lacledelaporte.com

Sophia et Johan Eriksson, un couple de Suédois, ont repris cette ancienne demeure emblématique d'Antibes pour la transformer en maison d'hôte de charme avec chambres et suites familiales de bon confort décorées dans le style d'époque. En été, le petit déjeuner peut se prendre sur la placette ombragée, aux premières loges sur la vieille ville.

La Croisette.

Cannes

À voir, à faire

(voir carte p. 109)

L'histoire de **Cannes** ★★ commence en 154, lorsque les Romains y établissent une colonie nommée «Canoïs», mais c'est en 1834 que sa destinée bascule. Lord Brougham, chancelier et pair d'Angleterre, est bloqué à la frontière italienne par une épidémie de choléra. Obligé de rebrousser chemin, il s'arrête à Cannes, petit village de pêcheurs qui ne compte alors que 4 000 habitants. Son coup de foudre pour la baie est tel qu'il décide de s'y faire construire une somptueuse résidence sur les hauteurs de la Croix des Gardes pour y passer ses hivers. À sa suite, Cannes attirera toute l'aristocratie internationale de l'époque, qui y fait ériger de nombreuses villas de luxe, non seulement à la Croix des Gardes, mais aussi dans le quartier de la Californie.

L'arrivée du chemin de fer en 1853 décuplera l'intérêt pour la ville et en favorisera l'essor. Un port de plaisance et la fameuse Croisette y sont alors aménagés, alors qu'y poussent plusieurs des palaces qui donnent encore aujourd'hui à la ville tout son lustre et son *glamour*.

Depuis 1939, Cannes est le rendez-vous incontournable des stars du cinéma avec son célèbre festival et sa tant attendue montée des marches. De 74 000 habitants, la population de la ville passe alors à 200 000 personnes. Cette ébullition se renouvelle en période estivale quand la ville devient un haut lieu

touristique, avec ses plages animées et ses nombreuses manifestations culturelles et activités nautiques.

En été, trouver un stationnement peut être problématique. Nous vous recommandons par conséquent de vous garer dans les stationnements payants de Cannes. Celui du Palais des Festivals est très pratique, mais il est cher *(autour de 4€/h)*. Celui de Forville, à deux pas du marché et du Suquet, est moins coûteux *(première heure gratuite)*.

La Croisette ★★ [1]

Aménagé en 1850 sur plus de 2 km, ce boulevard mythique longe la baie de Cannes et se double d'une promenade piétonnière ponctuée de pins et de plages (publiques et privées). Rendue célèbre par ses palaces (le **Majestic** [2] de style Art déco au n° 10, l'emblématique **Carlton** [3] au n° 58 et le **Martinez** [4] des années folles au n° 73), son Festival de Cannes aux nombreuses manifestations (cinéma en plein air, festival d'art pyrotechnique), ses boutiques de luxe et son fameux «Chemin des Étoiles», aux abords du **Palais des Festivals** [5], la Croisette est un haut lieu de rendez-vous pour «voir et être vu». Allez au bout de la Croisette le soir pour admirer le coucher du soleil, après avoir fait un tour à **La Roseraie** [6] *(square du 8 Mai 1945)*. Un beau spectacle loin de l'effervescence.

Centre d'art La Malmaison [7]

tarifs variables en fonction des expositions; fin juin à fin nov tlj 10h à 19h, fin nov à fin fév mar-dim 10h à 13h et 14h à 18h, fermé fin fév à fin juin; 47 bd de la Croisette, 04.97.06.45.21

La Malmaison est le seul pavillon qui subsiste aujourd'hui de l'ancien Grand Hôtel, construit en 1863.

Cannes

À voir, à faire

1. CX La Croisette
2. BX Majestic
3. CY Carlton
4. DY Martinez
5. BX Palais des Festivals
6. DY La Roseraie
7. CX Centre d'art La Malmaison
8. AX Église Notre-Dame d'Espérance
9. AX Musée de la Castre
10. EX Villa Domergue et ses jardins
11. BX Musée Bonnard
12. CZ Île Sainte-Marguerite/Fort Royal/Musée de la Mer
13. BZ Île Saint-Honorat/Abbaye de Lérins/La Tonnelle

Activités

14. AX Parc naturel forestier de la Croix-des-Gardes
15. BX Sur les pas de Bonnard
16. AY Thermes Marins de Cannes

Achats

17. BX Cannolive
18. AX Ernest Traiteur
19. BX Fromagerie Ceneri
20. BX Marché aux fleurs
21. AX Marché Forville
22. BX Rue d'Antibes
23. BX Rue Meynadier

Cafés et restos

24. AX Astoux & Brun
25. CY L'Ondine
26. BZ La Tonnelle
27. AX Le Bistrot Gourmand
28. CX Pâtisserie Intuitions
29. AY Riviera Beach
30. BX Snack Philcat
31. CX UVA

Bars et boîtes de nuit

32. DZ Baôli
33. AY Le Bazar de Joon

Logement

34. BX Hôtel 7Art
35. CX Hôtel Le Canberra
36. DX Hôtel Verlaine
37. BZ Hôtellerie de Saint-Honorat

LE SUQUET
La Croisette
Le Vieux Port
Plage de la Croisette
Plage Midi
Plage Palais Festival
Plage Gazagnaire
Bijou Plage
Club nautique La Croisette
Port Canto
Port Morue Rouge
Square Mistral
Quai Saint-Pierre
Quai Laubeuf
Gare de Cannes
Île Saint-Honorat
Île Sainte-Marguerite
Saint-Tropez
bd du Moulin
bd Vallombrosa
av. de Grasse
bd Guynemer
rue des Suisses
rue des Fauvettes
av. des Anciens Combattants en Afrique du Nord
rue Louis Pastour
rue des Halles
rue Marché Forville
rue Louis Blanc
Pierre Gazagnaire
rue Hibert
rue du Pré
rue de la Castre
rue Louis Perrissol
rue Georges Clemenceau
bd du Midi Jean Hibert
rue du Port
Impasse Galeotti
prom. de la Pantiero
Allée de la Liberté
av. Bachaga Saïd Boualam
rue Meynadier
Félix Faure
rue Jean de Riouffe
rue Butura
rue Maréchal Foch
bd Carnot
rue Venizelos
rue du Vingt-Quatre Août
bd de la Première Division Française Libre
rue Hélène Vagliano
rue Hoche
rue Jean Jaurès
rue d'Antibes
rue Bivouac Napoléon
rue Notre-Dame
rue des Belges
rue des Serbes
rue des États-Unis
rue Macé
rue Chabaud
rue du Commandant André
rue Marceau
rue Merle
boul. Montfleury
rue Louis Nouveau
bd d'Alsace
bd de Lorraine
rue des Mimosas
bd de la République
rue Molière
rond-point Duboys d'Angers
Frédéric Amouretti
François Einesy
rue du Canada
av. du Général Ferrié
rue Rouaze
rue Latour-Maubourg
bd Général Vautrin
rue Volta
traverse Beauséjour
av. Windsor
av. Beauséjour
av. du Maréchal Koenig
av. de la Californie
av. du Roi Albert Ier
av. Lily Pons
rue Cirodde
rue Lacour
rue du Dr. Zamenhof
av. de Madrid
av. André Capron
Eugène Tripet
av. Maréchal Juin
bd Alexandre III
bd de la Source
av. des Hespérides
bd de la Croisette
av. de Lérins
av. Reine Astrid
bd Eugène Gazagnaire
1 2 3 4 5 6 7 8 9 10 11 12 13 14 15 16 17 18 19 20 21 22 23 24 25 26 27 28 29 30 31 32 33 34 35 36 37
N
0 250 500m
Localisation
Menton
Grasse
Nice
MONACO
Draguignan
Cannes
Fréjus
Mer Méditerranée
Toulon
Saint-Tropez
Hyères
a b c d e
x y z
©ULYSSE

Musée Bonnard.

Aujourd'hui propriété de la Ville, elle abrite un centre d'art contemporain qui organise plusieurs expositions temporaires chaque année.

Le Suquet ★★★

Berceau de Cannes, la vieille ville médiévale domine le Vieux Port. En se baladant dans ses ruelles escarpées, on est frappé par le contraste avec la partie basse de la ville. Ici point de grandes villas, mais des petites maisons moyenâgeuses charmantes et colorées, ainsi que de bons petits restos à l'abri du faste de la Croisette. En haut de la colline, vous trouverez une place entourée des vestiges de l'ancien château du XIVe s. et de ses remparts, d'où vous bénéficierez d'un panorama saisissant sur la ville, le massif de l'Estérel et les îles de Lérins. L'**église Notre-Dame d'Espérance** [8] *(1 rue de la Castre)*, érigée en 1627 dans le style gothique provençal, mérite un coup d'œil.

Musée de la Castre ★★ [9]

6€; juil et août tlj 10h à 19h (mer jusqu'à 21h), avr à juin et sept mar-dim 10h à 13h et 14h à 18h, oct à mars mar-dim 10h à 13h et 14h à 17h; 6 rue de la Castre, Le Suquet, 04.89.82.26.26

Installé dans ce qui reste de l'ancien château des moines de Lérins du XIVe s., ce musée expose des collections d'arts primitifs et d'instruments de musique des cinq continents, ainsi que des peintures provençales du XIXe s. Belle vue depuis la **Tour du Suquet** (1070-1385).

Villa Domergue et ses jardins ★ [10]

juil à sept tlj 11h à 19h; 15 av. Fiesole, accessible en voiture ou à pied en remontant l'avenue Isola Bella depuis la Croisette sur environ 3 km, 04.97.06.44.90

Inspirée des palais vénitiens, cette villa Art déco fut dessinée par le peintre Jean-Gabriel Domergue. Léguée à la Ville en 1973, elle accueille des événements musicaux (Jazz à Domergue, début août) et des expositions temporaires d'envergure. Ses jardins méditerranéens en terrasses, avec bassins et cascades, ont été conçus par l'épouse du peintre, la sculpteure Odette Maugendre.

Musée Bonnard ★★ [11]

7€; mar-dim 10h à 18h (jusqu'à 20h juil et août); bus Palm'Express n°1 (arrêt Mairie du Cannet); 16 bd Sadi Carnot, Le Cannet, 04.93.94.06.06, www.museebonnard.fr

Ce musée situé dans l'agréable village du Cannet, à 4 km de Cannes, est dédié au peintre Pierre Bonnard, qui y a terminé sa vie. Chaque été, on y organise une exposition temporaire sur un artiste proche de Bonnard en lien avec la région. Une partie de la collection permanente est alors présentée au premier étage, alors qu'elle occupe toutes les salles le reste de l'année. Un superbe musée contemporain, aux œuvres vibrantes et colorées, qui mérite le détour.

Les îles de Lérins

Joyaux de la nature au large de la baie de Cannes, les îles de Lérins offrent une escapade de choix à ceux qui souhaitent passer la journée au calme. Le départ des navettes vers l'île Sainte-Marguerite et l'île Saint-Honorat a lieu à l'embarcadère du quai des îles à Cannes.

La Côte d'Azur fait son cinéma

En plus d'accueillir un des plus célèbres festivals de cinéma au monde, la Côte d'Azur et ses lieux emblématiques ont servi de décors à de nombreux films, certains devenus des classiques. Porquerolles pour *Pierrot le Fou* de Jean-Luc Godard, Monaco et ailleurs sur la côte pour *La Baie des Anges* de Jacques Demy, Saint-Tropez pour *Et Dieu... créa la femme* de Roger Vadim, Cannes, et plus précisément l'hôtel Carlton, pour *La Main au collet* d'Alfred Hitchcock, Nice pour *La Nuit américaine* de François Truffaut, et tant d'autres endroits liés au cinéma comme les studios niçois de La Victorine, dont on a célébré les 100 ans en 2019.

Pour accéder à ce quai, longez le quai Saint-Pierre (bord opposé à celui du Palais des Festivals). Une fois arrivé au port, vous trouverez un grand stationnement *(4€/h)*. Plusieurs entreprises proposent la traversée d'avril à septembre. Comptez 15€ pour l'île Sainte-Marguerite et 16,50€ pour l'île Saint-Honorat *(http://cannes-ilesdelerins.com)*.

Île Sainte-Marguerite.

Île Sainte-Marguerite ★★ [12]

comptez 4h pour faire le tour de l'île; Fort et Musée de la Mer: 6€; juin à sept tlj 10h à 17h45; 04.93.43.18.17

Longue de 3 km et large de 900 m, l'île Sainte-Marguerite est sillonnée de 22 km de sentiers qui serpentent à travers les pins d'Alep, les chênes verts et les eucalyptus géants. Ses superbes petites criques, aux eaux turquoise, en font un lieu de choix pour passer une journée en famille. Également riche d'histoire, l'île abrite le **fort Royal** (XVIIe s.) et l'ancienne prison du Masque de fer (voir l'encadré), où loge aujourd'hui le **Musée de la Mer**, consacré à l'histoire du commerce maritime. Vous trouverez un restaurant sur l'île, L'Escale, mais nous vous recommandons de faire comme les habitants de la région et d'apporter votre pique-nique pour profiter au maximum de ce cadre magique.

Île Saint-Honorat ★★★ [13]

comptez 1h30 pour faire le tour de l'île; Abbaye: visites guidées 3€; juil à sept; 04.92.99.54.00, www.abbayedelerins.com

C'est sur cette île que fut fondée au Ve s. l'**Abbaye de Lérins** par saint Honorat. Nimbée de spiritualité et riche de vestiges du passé (monastères, fortifications et chapelles tous très joliment rénovés), l'île est toujours la propriété d'une communauté cistercienne d'une vingtaine de moines qui y cultivent la vigne et produisent un vin réputé. Les moines proposent des visites guidées de l'Abbaye, des retraites de méditation (deux à sept jours) et un restaurant, **La Tonnelle** (voir p. 116), où l'on peut goûter à leur fameux vin. S'il n'y avait qu'une île de Lérins à visiter, ce serait celle-ci. Plus intimiste et soignée que l'île Sainte-Marguerite, l'île Saint-Honorat invite à la méditation. Tous les premiers vendredis du mois,

les moines organisent les « Vendredis du Vin ». Billet de traversée aller-retour, dégustation et atelier de vignes pour 18€. Toutefois, si vous souhaitez avant tout vous baigner, choisissez plutôt l'île Sainte-Marguerite, car les criques y sont plus accessibles.

Le mystère du Masque de fer

Enfermé pendant 11 ans, de 1687 à 1698, dans le fort Royal de l'île Sainte-Marguerite, le Masque de fer est le prisonnier le plus célèbre de l'histoire de France. Son identité reste une énigme qui continue de passionner les historiens et romanciers. On lui prêta près d'une soixantaine d'identités, dont celle du frère jumeau de Louis XIV, enfermé pour l'empêcher d'accéder au trône. Ce *« détenu dont nul ne sait le nom, dont nul n'a vu le front, un mystère vivant ombre, énigme, problème »*, selon Victor Hugo, continue aujourd'hui d'alimenter les rumeurs.

Activités *(voir carte p. 109)*

Cannes

Randonnée pédestre

Parc naturel forestier de la Croix-des-Gardes [14]
accès par l'avenue Jean de Noailles, 06.15.51.28.27

Quelque 20 km de sentiers aménagés (1 à 5 km chacun) au cœur du maquis, des pins et des chênes verts. Jolie vue sur Cannes et les îles de Lérins.

Sur les pas de Bonnard [15]
parcours complet 2h (4,5 km), partiel 1h (3 km), avec dénivelé important, au départ du Musée Bonnard au Cannet; dépliant explicatif à l'Office du Tourisme du Cannet (73 av. du Campon) ou au musée (voir plus haut)

Retrouvez l'atmosphère, les paysages et les lieux qui ont inspiré Pierre Bonnard. Plusieurs panneaux sont disposés au fil de la balade pour illustrer ses œuvres. Une façon ludique de découvrir les jardins et les richesses architecturales du Vieux-Cannet.

Marché Forville.

Thalassothérapie

Thermes Marins de Cannes [16]

Hôtel Radisson Blu 1835, 47 rue Georges Clemenceau, 04.92.99.50.10, www.lesthermesmarins-cannes.com

Quelque 2 700 m² d'installations modernes dont une piscine intérieure-extérieure à l'eau de mer chauffée. Parcours marin, bain japonais, soins du visage et du corps. Toit-terrasse le plus haut de Cannes (accessible de l'hôtel).

Achats *(voir carte p. 109)*

Cannes

Si vous souhaitez faire du lèche-vitrine, filez vers la **rue Meynadier** [23] ou la **rue d'Antibes** [22] pour les plus grandes enseignes. Les marques de luxe se concentrent dans le « carré d'or » autour de la Croisette.

Alimentation

Cannolive [17]

lun-sam 9h15 à 19h30; 16 et 20 rue Venizelos, 04.93.39.08.19, www.cannolive.eu

Depuis 1880, la famille Raynaud tient cette épicerie fine qui n'a pas changé d'un iota. On y retrouve pêle-mêle des spécialités provençales: miel de lavande, huile d'olive, tapenade et caviar d'aubergine, olives niçoises, liqueur Lérina des moines de Lérins, savons de Marseille, sachets de lavande, tissus. Une caverne d'Ali Baba.

Ernest Traiteur [18]

52 rue Meynadier, 04.93.06.23.00

Si vous prévoyez faire un pique-nique ou servir l'apéro, c'est ici que vous dénicherez les meilleurs plateaux de Cannes. Incontournable.

Fromagerie Ceneri [19]

lun 10h à 18h, mar-sam 8h à 19h, dim 8h30 à 12h30; 22 rue Meynardier, 04.93.39.63.68, www.fromagerie-ceneri.com

Les Cannois s'approvisionnent depuis 1968 chez ce fromager-affineur. On y trouve plus de 350 variétés de fromages, des fromages fermiers de petits producteurs aux spécialités comme le brie de Meaux aux truffes et le camembert au calvados.

Marché aux fleurs [20]

allée de la Liberté

Tous les matins sauf le lundi, qui est dédié aux antiquaires, l'allée de la Liberté accueille un joli marché aux fleurs. Remarquez la statue de Lord Brougham et revenez au cours de l'après-midi pour observer les boulistes dans leurs parties de pétanque animées.

Marché Forville [21]

mar-dim matin; 6 rue du Marché Forville

Marché animé et rendez-vous des gastronomes cannois situé au cœur de la ville. Poissons fraîchement pêchés, fruits et légumes de producteurs locaux, mais aussi bonnes olives niçoises, fromages, charcuteries, viandes, coquillages et poissons, fleurs, fruits et légumes. Immanquable, le Comptoir des Pâtes, une institution de plusieurs générations. Goûtez à leurs raviolis à la daube en gratin: une pure merveille!

Cafés et restos

(voir carte p. 109)

Cannes

Snack Philcat € [30]

mars à oct tlj 9h à 18h; promenade de la Pantiero, face au Vieux Port, 04.93.38.43.42

Ce camion de cuisine de rue porte le nom de Philippe et Catherine qui en sont l'âme. Sandwichs, pan-bagnat, croque-monsieur, salades, tout y est frais et fait sur place.

Pâtisserie Intuitions €-€€ [28]

juil et août tlj 10h à 19h, sept à juin fermé lun; Five Seas Hotel, 22 rue Bivouac Napoléon, 04.63.36.05.07, www.patisserie-intuitions.com

Jérôme De Oliveira, le plus jeune champion de France en pâtisserie, a ouvert sa boutique au sein du Five Seas Hotel. Option salon de thé dans l'hôtel. Classiques revisités et créations plus osées, renouvelées au fil des inspirations et des saisons, aussi délicieuses que belles.

Astoux & Brun €€-€€€ [24]

tlj 9h à 23h; 3 rue Louis Blanc, 04.93.39.21.87, www.chezastoux.com

Une institution cannoise où déguster un bon plateau de fruits de mer ou une soupe de poisson. Ambiance familiale et service gentil.

Riviera Beach €€-€€€ [29]

toute l'année le midi, fermeture annuelle en novembre; 31 bd du Midi Jean Hibert, 04.93.39.72.20

Très agréable restaurant de plage les pieds pratiquement dans l'eau,

Hôtellerie de Saint-Honorat.

avec une belle carte de salades, tartares, sandwichs, poissons et fruits de mer à déguster un verre de rosé à la main.

UVA €€-€€€ [31]

mar-ven 12h à 14h et lun-sam 19h à 22h30; 13 bd de la République, 04.93.68.57.01

Le nom italien de ce charmant restaurant, ouvert en 2018, signifie « raisin » et sa décoration fait la part belle aux bouteilles de vin qui garnissent sa carte. Petite terrasse et service attentionné. À goûter, les délicats beignets de fleurs de courgettes et les gambas à toutes les sauces.

L'Ondine €€€ [25]

tlj 12h à 18h; 64 bd de la Croisette, 04.93.94.23.15, www.ondineplage.com

Restaurant sur la Croisette pour une bonne cuisine de type bistro chic: salades fraîcheur, linguines à la langouste. Cadre sublime et bonne adresse, même si évidemment assez chère.

Le Bistrot Gourmand €€€ [27]

mar-jeu 12h à 14h et 19h à 21h30, ven-sam 12h à 14h et 19h à 22h, dim 12h à 14h; 10 rue du Docteur Pierre Gazagnaire, 04.93.68.72.02, www.bistrotgourmandcannes.fr

Cuisine méditerranéenne maison concoctée à partir de produits locaux de saison souvent glanés au marché Forville voisin.

Les îles de Lérins

La Tonnelle €€-€€€ [26]

tlj 12h à 14h30, fermé mi-nov à mi-déc; Abbaye de Lérins, île St-Honorat, 04.92.99.54.08, http://tonnelle-abbayedelerins.fr

Cuisine méditerranéenne raffinée, servie dans un cadre idyllique et arrosée des fameux vins produits sur place par les moines. Excellent rapport qualité/prix et accueil aux petits soins.

Bars et boîtes de nuit

(voir carte p. 109)

Cannes

Baôli [32]
avr à oct tlj dès 20h, nov à mars fins de semaine uniquement; port Pierre Canto, 04.93.43.03.43, https://baolicannes.com
Un lieu magique de haut standing situé au cœur du port Pierre Canto, pour siroter un délicieux cocktail au milieu des palmiers. À partir de minuit, ce restaurant d'inspiration asiatique et méditerranéenne fait place à la fête.

Le Bazar de Joon [33]
tlj 11h à 2h; Hôtel Radisson Blu 1835, 2 bd du Midi Jean Hibert, 04.92.99.73.10, www.facebook.com/jooncannes
Ce bar aménagé sur le toit de l'Hôtel Radisson Blu 1935 jouit d'une vue imprenable sur Cannes et la mer et propose des cocktails et une gamme de plats à partager.

Logement *(voir carte p. 109)*

Cannes

Hôtel 7Art €€ [34]
27 rue Maréchal Joffre, 09.70.73.17.56, www.hotel-7art.com
Petit hôtel confortable et branché avec 10 chambres décorées de façon originale. Emplacement idéal à quelques minutes des plages. Accueil charmant.

Hôtel Le Canberra €€€ [35]
120 rue d'Antibes, 04.97.06.95.00, www.hotel-cannes-canberra.com
Le décor de cet hôtel-boutique d'une trentaine de chambres est librement inspiré des années 1950. Le séjour s'y déroule dans un luxe discret, que ce soit au bar, autour de la piscine ou sur la terrasse toute blanche du Café Blanc, son restaurant. Tout cela au cœur de l'action et près des plages.

Hôtel Verlaine €€€ [36]
58 bd d'Alsace, 04.93.43.30.80, www.hotel-verlaine-cannes.com
Un joli hôtel récemment rénové tout en couleurs dans un bel exemple d'architecture niçoise Belle Époque. Le service est attentif et le petit déjeuner, appétissant. À distance de marche de la gare et de la rue d'Antibes où se trouvent tous les commerces.

Les îles de Lérins

Hôtellerie de Saint-Honorat €€ [37]
fermé mi-nov à mi-déc; Abbaye de Lérins, île St-Honorat, 04.92.99.54.20, www.abbayedelerins.com
Si l'envie vous prend de vous offrir une retraite monacale, sachez que les moines de l'île Saint-Honorat proposent des chambres simples ou doubles. Séjour initiatique minimal de deux nuitées rythmé par les prières, en pension complète. Une expérience pour le moins insolite, dans un cadre idyllique. Draps et serviettes non fournis.

6

L'arrière-pays azuréen

Les hauteurs de Nice et de Cannes comptent quelques-uns des plus beaux villages de la Côte d'Azur. On y monte en voiture, sur d'étroites routes qui serpentent bien souvent en lacets. L'occasion de prendre de l'altitude et la mesure du panorama magistral. Non loin de la mer, et pourtant si éloigné de l'esprit agité de son littoral, on s'enfonce dans un monde de culture et de nature verdoyante.

La région étant riche en points d'intérêt mais peu étendue, il est facile de la découvrir en quelques jours (au moins trois toutefois). Vous pouvez alors choisir deux points de chute stratégiques: le premier autour de Saint-Paul-de-Vence ou des Gorges du Loup, le second près de Grasse.

Mougins

À voir, à faire

(voir carte p. 121)

Il fut un temps où **Mougins** ★★, ravissant village provençal situé à 260 m d'altitude, était sur le devant de la scène pour avoir hébergé de nombreux artistes comme Francis Picabia et, plus tard, Picasso. Maintenant dans l'ombre de ses imposants voisins, notamment Cannes à seulement 7 km, Mougins n'en demeure pas moins une destination de choix pour les fins gourmets à la recherche de calme et de douceur de vivre. On y trouve en effet de superbes restaurants sur lesquels sont braqués annuellement tous les projecteurs lors des Étoiles de Mougins, un festival dédié à la gastronomie.

Le clocher de l'église Saint-Jacques-le-Majeur.

Le réputé **Musée de la Photographie André Villers**, du nom du photographe attitré de Picasso, a fermé ses portes en 2019. Au moment de mettre sous presse, on annonçait que sa collection serait intégrée au nouveau **Centre de la photographie**, qu'on s'affairait à aménager dans l'ancien presbytère du village et qui devrait ouvrir ses portes en 2020.

Musée d'Art Classique de Mougins (MACM) ★★ [1]

14€; mi-juin à début oct tlj 10h à 20h, début oct à mi-juin tlj 10h à 18h;
32 rue Commandeur, vieux village de Mougins, 04.93.75.18.22, www.mouginsmusee.com

Un mélange d'œuvres anciennes et modernes pour le moins surprenant (sculptures de la Grèce antique à l'art contemporain de Damien Hirst, en passant par Chagall, Dalí ou même Andy Warhol) est exposé dans une ancienne maison médiévale de 400 m^2 entièrement rénovée.

Église Saint-Jacques-le-Majeur ★ [2]

*5€; en été, jeu à 10h30; réservations requises;*pl. Albicocco, 04.92.92.14.00, http://mougins-tourisme.fr

L'Office de tourisme de Mougins organise des visites qui permettent de grimper au sommet du clocher de cette église afin de jouir d'un panorama unique sur la mer et les montagnes. L'accès se fait dans un espace restreint et, en fin de montée, par des échelles étroites; il est recommandé de porter des chaussures adéquates. Des visites privées, avec dégustation de champagne et de mignardises, sont aussi proposées *(20€)*.

L'arrière-pays azuréen

À voir, à faire ★

Mougins
1. AY Musée d'Art Classique de Mougins (MACM)
2. AY Église Saint-Jacques-le-Majeur

Grasse
3. AY Villa-Musée Jean-Honoré Fragonard
4. AY Musée International de la Parfumerie (MIP)
5. AY Musée d'Art et d'Histoire de Provence
6. AY Musée Fragonard
7. AY Cathédrale Notre-Dame-du-Puy
8. AY Tour de l'Horloge
9. AY Hôtel de ville de Grasse
10. AY Jardins du MIP
11. AY Grotte de Saint-Cézaire

Gourdon
12. AW Château de Gourdon
13. AW Place Victoria

Tourrettes-sur-Loup
14. BW Bastide aux violettes

Saint-Paul-de-Vence
15. AV Le village fortifié/Bastion du Dauphin/Place de la Grande Fontaine/Cimetière
16. AV Collégiale de la Conversion-de-Saint-Paul
17. AV Chapelle Folon
18. CX Fondation Maeght
19. CW Chapelle du Rosaire

Activités ✸

Grasse
20. AY Gorges de la Siagne
21. AY Studio des fragrances

Tourrettes-sur-Loup
22. BW Ranch des Baous
23. BW Sentiers dans la vallée des Gorges du Loup

Achats ■

Grasse
24. AY Marché aux fleurs
25. AY Parfumerie Fragonard
26. AY Parfumerie Galimard
27. AY Parfumerie Molinard

Tourrettes-sur-Loup
28. AW Confiserie Florian
29. BX Domaine Saint-Joseph
30. BX Ferme des Courmettes

Saint-Paul-de-Vence
31. AV Dolce Italia
32. CX Domaine La Vasta
33. AV La Cave de Saint-Paul

Cafés et restos ●

Mougins
34. AY L'Amandier
35. BY La Menthe Douce

Grasse
36. AY Auberge du Vieux-Château
37. AY Le Rendez-Vous

Gourdon
38. AW Au Vieux Four
39. AW Les Grands Hommes

Tourrettes-sur-Loup
40. BX Clovis
41. AX L'École des Filles
42. BX La Cave de Tourrettes

Saint-Paul-de-Vence
43. CX La Brouette
44. AV Le Café de la Place
45. AV Le Caruso de Saint-Paul
46. AV Le Tilleul
47. CW Les Bacchanales
48. AV Malabar

↘ Suite de la liste p. 122

Saint-Paul-de-Vence
route des Serres
route de Vence
ch. Fontette
pl du Tilleul
rue des Baouques
rue des Doriers
rue du Fangas
rue Grande
rue Bastion St Rémy
rue de la Cassette
rue de l'Allée
rue du Haut Four
pl de la Mairie
rue de l'Ancienne Boucherie
rue du Pontis
Rempart S. O. Courtine Sainte-Anne
Le Malvan
ch. du Malvan
Cimetière Saint-Paul-de Vence
0 100 200m
Bouyon
Bézaudun-les-Alpes
N
Saint-Jeannet
Vence
La Gaude
av. Émile Hugues
Gourdon
Pont du Loup
Tourrettes-sur-Loup
Le Bar-sur-Loup
ch. des Gardettes
Saint-Paul-de-Vence
Voir agrandissement
Châteauneuf-Grasse
Roquefort-les-Pins
Opio
Cagnes-sur-Mer
Grasse
Valbonne
route de Cannes
Mouans-Sartoux
Biot
Mougins
La Roquette-sur-Siagne
Le Cannet
Mandelieu-la-Napoule
Aéroport Cannes-Mandelieu
Cannes
Localisation
Grasse
Nice
Menton
MONACO
Draguignan
Cannes
Fréjus
Mer Méditerranée
Toulon
Saint-Tropez
Hyères
0 2,5 5km
©ULYSSE

L'arrière-pays azuréen (suite)

Logement ▲

Mougins
49. BY Le Mas de Mougins

Grasse
50. AY Hôtel Le Patti
51. AY La Bastide Saint-Antoine

Tourrettes-sur-Loup
52. BW Les 4 éléments

Saint-Paul-de-Vence
53. AW Hostellerie Les Remparts
54. AV La Colombe d'Or
55. CX Le Hameau
56. CX Le Mas de Pierre

Cafés et restos

(voir carte p. 121)

La Menthe Douce €€ [35]

dim-ven 12h à 14h et 19h à 0h, sam 19h à 0h;
1024 av. du Général de Gaulle, 04.93.90.04.71, www.lamenthedouce.com

Pour déguster un délicieux couscous ou un méchoui en pleine campagne. Accueil très gentil. Le stationnement étant petit, mieux vaut se garer le long de la route, mais faire attention en la traversant. Menu à moins de 20€ le midi en semaine.

L'Amandier €€€ [34]

tlj 12h à 14h30 et 19h à 22h30;
48 av. Jean-Charles Mallet, 04.93.39.00.91, www.amandier.fr

À l'entrée du vieux village, ce restaurant au cadre exceptionnel, avec ses deux terrasses, est une destination gourmande de choix. Nouvelle cuisine française haut de gamme. Menu à prix avantageux le midi.

Logement *(voir carte p. 121)*

Le Mas de Mougins €€€ [49]

91 av. du Général de Gaulle, 04.92.92.28.92, www.lemasdemougins.com

Quatre superbes chambres d'hôtes dans un cadre idyllique avec une jolie piscine. Accueil charmant et prévenant. Petit déjeuner gourmand. Une adresse d'exception!

Rejoignez Grasse (à 13 km) par la D35 puis la D6185.

Grasse

À voir, à faire

(voir carte p. 121)

Le savoir-faire de ses parfumeurs, qui alimentent toujours en rares élixirs les plus grandes maisons de couture, a permis à **Grasse** ★★★ de se tailler une réputation mondiale. Chanel et Dior y ont leurs champs, Louis Vuitton s'y est installé en 2016 et de nombreuses autres enseignes retournent aux sources des techniques ancestrales.

Les premiers écrits qui mentionnent Grasse datent du XIe s. Constitué autour de son cœur

Grasse.

religieux et de sa tour, le centre s'est développé jusqu'à devenir un carrefour commercial important connu pour ses tanneries. C'est cet esprit négociant, encore très fort aujourd'hui, qui incitera les Grassois à se tourner vers l'art et l'industrie du parfum au XVIe s. Catherine de Médicis, qui venait d'épouser Henri II, demanda à parfumer les cuirs. La ville ne manquant pas d'eau, on commença à planter des champs de roses, de jasmins et de tubéreuses pour en extraire les essences. La mode du cuir passa, laissant la place aux indiennes et aux soieries de Lyon, si bien que la ville en vint peu à peu à abandonner ses tanneries pour se spécialiser dans l'extraction des matières premières utilisées en parfumerie. Le succès fut tel qu'elle connut un développement sans précédent au XIXe s. Si la ville a souffert d'un déclin certain au XXe s., elle renoue aujourd'hui avec son héritage fort et insuffle un nouveau dynamisme au pays de Grasse. La ville en elle-même compte malheureusement très peu d'hôtels, mais à peine échappé du centre, on y trouve des chambres d'hôtes de choix, ainsi que de nombreuses adresses gourmandes.

Villa-Musée Jean-Honoré Fragonard ★★ [3]

2€; mai à sept tlj 10h à 19h, oct à avr tlj 10h à 17h30; 23 bd Fragonard, 04.93.36.52.98, www.museesdegrasse.com

Jean-Honoré Fragonard, ce célèbre peintre du XVIIIe s. né à Grasse, proposa à la comtesse du Barry, favorite du roi Louis XV, quatre tableaux mettant en scène les étapes de la conquête amoureuse: *Le Rendez-Vous, La Poursuite, Les Lettres,*

Musée International de la Parfumerie (MIP).

L'Amant Couronné. Si les tableaux originaux sont aujourd'hui à New York, de magnifiques répliques ornent les salons de la villa où le peintre a vécu. Profitez de la quiétude des jardins de la villa, véritables havres de paix en plein centre-ville.

Remontez le boulevard Fragonard sur quelques mètres.

Musée International de la Parfumerie (MIP) ★★★ [4]

4€, billet combiné avec les Jardins du MIP 7€; mai à sept tlj 10h à 19h, oct à avr tlj 10h à 17h30; 2 bd du Jeu-de-Ballon, 04.97.05.58.00, www.museesdegrasse.com

Consacré à l'histoire et à l'évolution des techniques de la production des parfums, le MIP est certainement le plus intéressant des musées grassois. De la composition parfumée avec l'utilisation de matières premières végétales, animales ou synthétiques à la fabrication (enfleurage, distillation, extraction), le musée vous dévoile l'histoire du parfum à travers les siècles, ainsi que toutes les étapes de la création d'un parfum, le tout présenté dans un cadre novateur et ludique (sieste parfumée, parcours olfactif, salle immersive), idéal pour tous les âges.

Musée d'Art et d'Histoire de Provence [5]

2€; mai à sept tlj 10h à 19h, oct à avr tlj 10h à 17h30; 2 rue Mirabeau, 04.93.36.80.20, www.museesdegrasse.com

Situé juste à côté du MIP dans un élégant hôtel particulier du XVIIIe s., ce musée illustre l'art de vivre provençal, de la préhistoire aux années 1950. Mais surtout, on y trouve le fonds photographique du peintre et photographe Charles Nègre.

Engagez-vous dans la vieille ville par la rue commerçante Jean Ossola.

Musée Fragonard ★ [6]

entrée libre; tlj 10h à 18h, fermé les dim de nov, jan et fév; Hôtel de Villeneuve, 14 rue Jean Ossola, 04.93.36.02.07 www.fragonard.com

Inauguré en 2011 à la demande des héritières de la maison de parfums Fragonard (qui n'a rien à voir avec le peintre du même nom), ce musée est un hommage à leurs parents, Hélène et Jean-François Costa, grands collectionneurs des œuvres de Jean-Honoré Fragonard, Marguerite Gérard et Jean-Baptiste Mallet, trois artistes grassois de renom.

Suivez la rue Tracastel jusqu'à la place du Petit Puy.

Cathédrale Notre-Dame-du-Puy ★ [7]

pl. du Petit Puy

De style sobre en calcaire blanc, cette cathédrale datant de 1755 abrite la seule toile religieuse de Jean-Honoré Fragonard, *Le Lavement des pieds*, ainsi que trois tableaux de Rubens, un de Charles Nègre et un retable de Bréa.

Tour de l'Horloge [8]

pl. du 24 Août

Derrière la cathédrale, sur la place du 24 Août (où des «siestes parfumées» sont organisées en juillet et août), se dresse une impressionnante tour défensive puis préventive.

Cathédrale Notre-Dame-du-Puy.

Hôtel de ville de Grasse ★★ [9]

pl. du Petit Puy

Étonnant par sa forme trapézoïdale, cet ancien palais épiscopal, avec une chapelle privée attenante, fut racheté par l'État en 1790, soit tout de suite après la Révolution française, pour loger l'hôtel de ville.

De Grasse, rejoignez les jardins du MIP par la D6185 (15 min en voiture).

Jardins du MIP [10]

4€ (billet combiné avec le MIP 7€); mai à août tlj 10h à 19h, sept à nov et avr tlj 9h à 17h30; 979 ch. des Gourettes, Mouans-Sartoux, 04.92.98.92.69, www.museesdegrasse.com

À 10 km au sud de Grasse, les jardins du MIP proposent un voyage sensoriel à la découverte des végétaux qui fournissent depuis des siècles les précieux parfums. Un régal pour les sens aussi ludique qu'interactif! Pour vivre la floraison à son apogée, venez-y au mois de mai, quand les roses resplendissent. En visite guidée, les botanistes passionnés rendent l'expérience encore plus magique.

De Grasse, rejoignez la Grotte de Saint-Cézaire par la D13 (30 min en voiture).

Grotte de Saint-Cézaire ★ [11]
9€; juin à août tlj 10h à 18h, hors saison tlj 10h à 12h et 14h à 17h, fermé déc et jan;
1481 route des Grottes, St-Cézaire-sur-Siagne, 04.93.60.22.35, www.grotte-saintcezaire.com
À 17 km à l'ouest de Grasse, la Grotte de Saint-Cézaire vous mène jusqu'à 40 m de profondeur pour explorer ses galeries souterraines avec stalactites et concrétions étoilées magnifiquement mises en valeur. Restaurant sur place.

Activités *(voir carte p. 121)*

Ateliers de parfumerie

Studio des fragrances [21]
53€ (flacon de 100 ml inclus), possibilité d'assister sans participer 10€; ateliers de 2h tlj (sauf dim en hiver) à 10h, 14h et 16h;
5 route de Pégomas, 04.93.09.20.00, www.galimard.com
Comme un musicien qui composerait ses accords, concoctez votre propre eau de parfum en suivant les conseils des experts parfumeurs de la Maison Galimard. Une expérience mémorable qui vous fera comprendre cette science si poétique qu'est la parfumerie.

Randonnée pédestre

Gorges de la Siagne [20]
départ sur le sentier situé rue du Docteur Aubin, derrière l'église de Saint-Cézaire-sur-Siagne
Promenade facile (comptez 1h30 aller-retour) pour toute la famille le long de la Siagne, dont les gorges peuvent atteindre jusqu'à 400 m de hauteur. Prenez le «sentier des Tuves», balisé en jaune et accessible depuis le vieux lavoir.

Achats *(voir carte p. 121)*

Fleurs

Marché aux fleurs [24]
pl. aux Aires
Cette place centrale de Grasse accueille chaque matin un joli marché aux fleurs.

Parfums

Parfumerie Fragonard [25]
entrée libre; en été tlj 9h à 19h, hors saison tlj 9h à 18h; 23 bd Fragonard, 04.93.36.44.65, www.fragonard.com
Fondée en 1926, la Parfumerie Fragonard – nom emprunté au célèbre peintre grassois – accueille les visiteurs dans sa boutique-musée. Devenue une véritable industrie depuis quelques années, la maison de parfum a ouvert de nombreuses boutiques de produits dérivés (vêtements, déco, enfants) que l'on trouve dans le centre-ville de

Parfumerie Galimard.

Grasse, mais également à Cannes, Antibes et Saint-Tropez.

Parfumerie Molinard [27]

entrée libre; en été tlj 9h à 19h, hors saison tlj 9h à 18h; 60 bd Victor Hugo, 04.93.36.01.62, www.molinard.com

Entreprise familiale depuis 1849, la maison propose, en plus de sa boutique, des visites guidées et des ateliers qui expliquent toutes les étapes de la fabrication des parfums.

Parfumerie Galimard [26]

entrée libre; en été tlj 9h à 18h30, hors saison tlj 9h à 12h et 14h à 18h; 73 route de Cannes, au sud du centre-ville, 04.93.09.20.00, www.galimard.com

Fondée en 1747 par Jean de Galimard, cette parfumerie a fourni pendant longtemps la Cour royale. Aujourd'hui, si elle fabrique également quelques parfums pour d'autres marques, elle est avant tout, comme Fragonard et Molinard, une parfumerie commerciale tournée vers la vente en direct.

Cafés et restos

(voir carte p. 121)

Auberge du Vieux-Château €€ [36]

mer-dim midi et soir, juil et août également mar soir; pl. du Panorama, Cabris, à 5 km de Grasse, 04.93.60.50.12, http://aubergeduvieuxchateau.com

Ce restaurant de cuisine méditerranéenne tenu par un jeune chef propose également quatre chambres. Vue sur toute la baie de Cannes.

Gourdon.

Le Rendez-Vous €€ [37]

lun-sam 9h à 23h, dim 9h à 15h;
35 pl. aux Aires, 04.93.77.25.54

Une bonne adresse grassoise, dont la terrasse donne directement sur la place aux Aires, centre névralgique de la ville. De bons plats frais, bien travaillés, sans prétention. Accueil charmant et service rapide.

Logement *(voir carte p. 121)*

Hôtel Le Patti €€ [50]

pl. du Patti, 04.93.36.01.00,
http://hotelpatti.com

À défaut d'avoir du charme, cet hôtel (l'un des rares dans le centre-ville), propre et confortable, a le mérite d'être parfaitement situé, à deux pas d'un stationnement et de la vieille ville. On n'y resterait pas pour un long séjour, mais l'endroit est idéal pour explorer la ville à moindre coût.

La Bastide Saint-Antoine €€€€€ [51]

48 av. Henri Dunant, 04.93.70.94.94,
www.jacques-chibois.com

Hôtel-restaurant Relais et Châteaux installé dans une ancienne bastide du XVIIIe s., au cœur d'une oliveraie de 5 ha. L'élégante décoration des chambres respire la Provence; chacune renferme une spacieuse salle de bain en marbre et certaines ont une cheminée ou une terrasse privée. Le restaurant gastronomique, dirigé par le chef Jacques Chibois, est un délice pour les sens, tant dans l'assiette que par son cadre.

Pour rejoindre le village perché de Gourdon (à 14 km) depuis Grasse, suivez la D2085 puis la D3, qui serpente en offrant de superbes panoramas.

Place Victoria.

Gourdon

À voir, à faire

(voir carte p. 121)

Perché sur un piton rocheux à 760 m d'altitude, **Gourdon** ★ ★ ★ surplombe de façon spectaculaire les Gorges du Loup. Habité dès l'époque romaine, ce village célèbre pour ses toits de tuiles ocre rose fut un lieu de refuge et de défense durant les guerres qui ont secoué la Provence et lors des multiples invasions sarrasines du VIIIe au Xe s.

Château de Gourdon [12]

La première forteresse bâtie au IXe s. servit de base à la construction du château féodal par les comtes de Provence. Les jardins, dessinés par Le Nôtre, et le potager du château sont accessibles sur réservation *(04.93.09.68.02)*.

Place Victoria ★★ [13]

De la place Victoria, on embrasse du regard un panorama d'une ampleur et d'une profondeur admirables sur toute la Côte d'Azur, du cap Ferrat aux massifs de l'Estérel et des Maures. Plus près, on aperçoit l'immense vallée verdoyante traversée par le Loup.

Cafés et restos

(voir carte p. 121)

Les Grands Hommes €-€€ [39]

été dim midi, lun-mar et ven-sam midi et soir, reste de l'année ven-mar midi et ven-sam soir; 2 rue Armand Fallières, 04.93.77.66.21, www.restaurant-lesgrandshommes.fr

On ne va pas aux Grands Hommes pour sa cuisine, assez quelconque, mais plutôt pour profiter de sa terrasse et de sa vue en sirotant un verre. Accueil sympathique.

Au Vieux Four €€ [38]
mar-jeu 9h à 14h, ven-sam 9h à 22h; rue Basse, 04.93.09.68.60, www.facebook.com/auvieuxfourgourdon
Une adresse où on se doit d'être patient, puisque le chef concocte une cuisine du marché et de saison à la minute. Porcelet à la plancha, polenta et petits champignons, pêche du jour avec ses poivrons confits et pulpe d'aubergine fumée, pêche pochée au sirop de verveine et ses éclats de nougatine...Des saveurs méridionales revisitées pour satisfaire les plus fins palais.

Redescendez par la D3, puis suivez la D2210.

Tourrettes-sur-Loup

À voir, à faire

(voir carte p. 121)

On dit que l'ombre des oliviers de **Tourrettes-sur-Loup** ★★★ a permis aux violettes de trouver un climat propice. Établie sur un éperon rocheux dominant la Côte d'Azur, «la cité des violettes» est un village médiéval au charme authentique. Dominé par un imposant château du XVe s., le village est animé par les nombreux ateliers d'artisans, de peintres, de tisserands, de potiers et de bijoutiers qui bordent la Grand-Rue, son artère centrale.

Bastide aux violettes [14]
entrée libre; visite commentée, dégustation et atelier de confection de bouquets 5€ (sur réservation); lun-sam 10h à 12h30 et 14h30 à 18h; ch. de la Ferrage, 04.93.59.06.97, www.facebook.com/museebastideauxviolettes
Ancienne ferme transformée en musée, pour tout savoir sur la culture des violettes, l'histoire de Tourrettes-sur-Loup et son terroir. Visite des serres de novembre à mars.

Activités *(voir carte p. 121)*

Équitation

Ranch des Baous [22]
15€/45 min; 1270 route du Caire, 04.93.32.14.99, www.ranchdesbaous.com
Stages et cours d'équitation, autobalade sur poney Shetland pour les enfants à partir de 3 ans accompagnés de leurs parents. Réservations requises.

Randonnée pédestre

Sentiers dans la vallée des Gorges du Loup [23]
plan disponible à l'Office de Tourisme de Tourrettes-sur-Loup, pl. Maximin Escalier, 04.93.24.18.93, www.tourrettessurloup.com
Une dizaine de sentiers de randonnée balisés sillonnent la vallée des Gorges du Loup au départ de Tourrettes-sur-Loup.

Confiserie Florian.

Achats *(voir carte p. 121)*

Alimentation

Confiserie Florian [28]
visites commentées gratuites; tlj 9h à 12h et 14h à 18h; Le Pont du Loup, 04.93.59.32.91, www.confiserieflorian.com

Cette confiserie qui transforme fleurs et fruits provençaux en produits gourmands vous invite dans les coulisses de son laboratoire artisanal pour découvrir les secrets de fabrication de ses fleurs cristallisées, confits de fleurs et confitures. À la fin de la visite, vous ne pourrez résister à la tentation d'acheter quelques douceurs dans la boutique.

Domaine Saint-Joseph [29]
visite, dégustation et vente lun-sam sur réservation; 160 ch. des Vignes, 04.93.59.81.31, www.domaine-saint-joseph.fr

Domaine viticole et oléicole en agriculture raisonnée: vins de pays «des Baous», apéritifs, huiles d'olive et olives de Nice.

Ferme des Courmettes [30]
visite et atelier de fabrication de fromages sur réservation; route des Courmettes, 04.93.59.39.93

Les fromages de chèvre bios de Bruno Gabelier comptent parmi les meilleurs de la région. Ses quelque 80 chèvres alpines paissent dans une réserve naturelle située à 800 m d'altitude.

Cafés et restos

(voir carte p. 121)

L'École des Filles €€-€€€ [41]
ven-mar 12h à 14h et 19h à 22h; 380 av. Amiral de Grasse, Bar-sur-Loup, 04.93.09.40.20, https://lecoledesfilles.wixsite.com/ecole

Ce resto loge dans une ancienne école datant de 1929, dont les res-

Saint-Paul-de-Vence.

taurateurs ont gardé deux salles de classe décorées de photos des anciennes écolières. La terrasse occupe la cour de récréation, à l'ombre d'un grand tilleul. Remarquable tant par la forme que par le fond puisqu'on y mange très bien!

La Cave de Tourrettes €€-€€€ [42]

lun-sam 10h à 15h et 17h à 23h;
8 rue de la Bourgade, 04.93.24.10.12,
www.facebook.com/lacavedetourrettes

Depuis que Christophe, le caviste du village, a ouvert ce petit resto, les deux terrasses (côté mer et côté église) ne désemplissent pas tant sa réputation se répand dans les environs. Ambiance décontractée et joie de vivre. Menus fixes hautement gourmets, qui changent chaque jour. Et une carte qui emballera même les plus fins connaisseurs.

Clovis €€€ [40]

fermé mar-mer; 21 Grand'Rue, 04.93.58.87.04,
www.clovisgourmand.fr

Ce bistro gourmand sert une cuisine fraîche, créative et de saison sous la direction du chef Julien Brousseau.

Logement *(voir carte p. 121)*

Les 4 éléments €€€€ [52]

765 route de la Madeleine, 06.72.31.59.51,
www.les4elements.eu

Irène et Peter rêvaient d'accueillir les voyageurs dans une ambiance intime, familiale et authentique. Pari réussi tant il est difficile de repartir de ce lieu magique. Un havre de paix, entre art contemporain, piscine rafraîchissante et douceur des oliviers. Quatre chambres d'hôtes décorées selon chaque élément. Confort et calme exemplaires. Petit déjeuner remarquable. Une adresse parfaite.

Suivez la route de Vence (D2210), puis bifurquez vers la droite sur le chemin de la Sine en direction de Saint-Paul-de-Vence (à 8 km).

Saint-Paul-de-Vence

À voir, à faire

(voir carte p. 121)

Saint-Paul vécut pendant de longs siècles au rythme d'une existence pastorale. On a su y préserver les traditions locales, perpétuer les fêtes et entretenir la langue provençale, créant de ce fait un art de vivre qui ne manque pas de se transmettre depuis. À partir de 1925, le village commença à accueillir acteurs, artistes et écrivains, qui firent de **Saint-Paul-de-Vence** ★★★ un foyer culturel bouillonnant. Attirés par sa lumière et sa douceur de vivre, Picasso, Braque, Signac, Modigliani, Matisse, Giono, Colette, Sartre et Beauvoir y séjournèrent, alors que d'autres décidèrent même de s'y établir. Ce fut notamment le cas de Chagall, qui y vivra durant 20 ans et qui repose aujourd'hui dans son cimetière. L'aura de Marcel Carné, de Prévert ou du couple ô combien *glamour* de Simone Signoret et Yves Montand laissera sur ce magnifique village une empreinte indélébile, alors qu'encore aujourd'hui Saint-Paul-de-Vence est un carrefour d'arts et de saveurs, et l'un des villages les plus visités de France.

Le village fortifié ★★★ [15]

On se promène dans son dédale de ruelles médiévales comme dans un

Place de la Grande Fontaine.

musée à ciel ouvert tant la concentration de monuments classés est imposante. À ne pas manquer: la vue depuis le **bastion du Dauphin** et son enceinte (XVIe s.), le donjon (XII-XIIIe s.), qui abrite la mairie depuis le XVIIIe s., la **place de la Grande Fontaine**, ancien cœur du village, et enfin le **cimetière** où repose Marc Chagall.

Collégiale de la Conversion-de-Saint-Paul [16]

La collégiale a été construite au XIIIe s., mais a subi plusieurs modifications par la suite. Le chœur de style roman en représente la partie la plus ancienne. Le clocher date pour sa part de 1740. Il faut voir la chapelle Saint-Clément, à la riche décoration en bleu et blanc. Enfin, le tableau *Sainte Catherine d'Alexandrie*, sur la gauche à l'entrée, est attribué au Tintoret. Le **Trésor de l'église**, parmi les plus riches et les plus beaux des Alpes-Maritimes, contient un ciborium remarquable.

Chapelle Folon ★★★ [17]

7€ visites guidées de 45 min, réservations requises auprès de l'Office du Tourisme de Saint-Paul-de-Vence: 04.93.32.86.95, serviceguide@saint-pauldevence.com; déc à oct tlj 10h à 12h30 et 14h à 18h (oct et déc à avr jusqu'à 16h), nov fermé

Cette chapelle des Pénitents Blancs (XVIIe s.) a été décorée par Folon, qui a signé là sa dernière œuvre. Réalisée selon la technique de Ravenne, sa mosaïque de 106 m², qui irradie le chœur d'un savant dégradé de couleurs, compte quelque 1 000 tesselles d'émaux par mètre carré, chacune coupée à la main, et certaines dorées à l'or et à l'argent. Une prouesse technique de laquelle émane un amour universel, tournée vers l'entraide et le don. Superbes sculptures en bronze et marbre rose.

À la sortie du village, après l'hôtel-restaurant de la Colombe d'Or, empruntez le chemin des Gardettes sur 750 m.

Fondation Maeght ★★★ [18]
16€; tlj 10h à 18h (juil et août jusqu'à 19h);
623 ch. des Gardettes, 04.93.32.81.63,
www.fondation-maeght.com
Lieu d'osmose entre l'environnement, l'architecture et l'art, la Fondation est née en 1964 sous l'impulsion du couple de marchands d'art Marguerite et Aimé Maeght après la mort de leur fils, en collaboration avec leurs amis artistes. On y déambule de trésor en trésor, des œuvres monumentales de l'architecte catalan Josep Lluís Sert au labyrinthe de sculptures et de céramiques de Miró, en s'émerveillant au passage devant le bassin et le vitrail de Braque, les mosaïques murales de Chagall, la fontaine poétique de Bury et le magistral Calder, avant d'aller boire un verre au Café F, où même le mobilier est une œuvre d'art. Un endroit exceptionnel.

De Saint-Paul-de-Vence, rejoignez la Chapelle du Rosaire (à 6 km) par la route de Vence (D2) puis l'avenue Émile Hugues.

Chapelle du Rosaire ★★ [19]
7€; lun, mer et sam 14h30 à 17h30, mar et jeu 10h à 12h et 14h à 17h, nov fermé;
466 av. Henri Matisse, Vence, 04.93.58.03.26
Il aura fallu quatre années à Matisse pour concevoir la Chapelle du Rosaire, terminée en 1951. L'artiste la considérait, «malgré toutes ses imperfections, comme [son] chef-d'œuvre». L'intérieur blanc, d'une simplicité minimaliste, se pose comme un parfait canevas au jeu des lumières qui colorent les murs selon l'heure du jour à travers les vitraux.

Achats *(voir carte p. 121)*

Alimentation

Dolce Italia [31]
13 pl. de l'Église, 04.93.24.09.95
Incontournables à Saint-Paul, Lisa et Carmine partagent l'un des délices de leur Italie natale en proposant de délicieuses glaces artisanales italiennes aux parfums variés.

Domaine La Vasta [32]
1466 route des Serres, 06.10.11.94.00
Visite du vignoble de Raphaël Vigneau et dégustation sur rendez-vous.

La Cave de Saint-Paul [33]
47 rue Grande, 04.93.32.59.54,
https://cavesaintpaul.com
Le sommelier Frédéric Theys vous accueille dans sa cave du XIVe s. pour vous présenter ses meilleurs crus des Côtes de Provence. Dégustation sur réservation.

Cafés et restos

(voir carte p. 121)

Le Café de la Place € [44]
été tlj 7h à 0h, hors saison tlj 7h à 20h;
pl. du Général de Gaulle, 04.93.32.80.03
Passage obligé pour se rendre à l'entrée du village, ce café, avec sa

Le Café de la Place.

grande terrasse, est aux premières loges des parties de pétanque. Idéal pour l'apéro! Vous pourrez également y siroter un café au comptoir en zinc ou y grignoter le midi.

La Brouette €€ [43]

mar-dim; 830 route de Cagnes, 04.93.58.67.16

Restaurant familial aux allures de guinguette tenu par un couple franco-scandinave qui propose, dans un cadre magique avec une superbe vue, une cuisine simple mais délicieuse avec des plats maison gourmands: saumon mariné et truite fumée, filet mignon ou fricadelle. Bonne carte des vins et dépaysement garanti.

Le Tilleul €€ [46]

tlj matin, midi et soir; pl. du Tilleul, 04.93.32.80.36, www.restaurant-letilleul.com

On choisit ce restaurant de type bistro méditerranéen pour sa superbe terrasse à l'ombre d'un grand tilleul. Un endroit charmant et paisible pour prendre également le thé accompagné de quelques gourmandises en après-midi.

Malabar €€ [48]

été jeu-mar 12h à 16h et 19h à 22h, hors saison jeu-mar 12h à 16h; 7 Remparts Ouest, 04.93.32.60.14, www.restaurantmalabar.com

Un petit restaurant sympathique où se réfugier par grosses chaleurs. Plats simples concoctés à partir de produits locaux et de saison. Foie gras et raviolis ricotta-jambon-basilic absolument délicieux. Au dessert, la maison sert les excellentes glaces et les sorbets artisanaux de Dolce Italia (voir plus haut) à un prix très raisonnable. Service lent et peu attentionné, mais tout de même une bonne adresse à Saint-Paul.

Le Caruso de Saint-Paul €€€ [45]

jeu-lun 12h à 14h et 19h à 21h, mar 12h à 14h; 1 montée de la Castre, 04.93.24.36.47, http://lecarusodesaintpaul.fr

Une adresse recommandée par les habitants, en plein cœur du village. Cuisine méridionale créative, élaborée à partir de produits frais par un chef qui a fait ses armes dans des cuisines étoilées. Bon rapport qualité/prix.

Les Bacchanales €€€ [47]

ven-lun 12h30 à 14h et 19h30 à 21h30, jeu 19h30 à 21h30; 247 av. de Provence, Vence, à 6 km de Saint-Paul-de-Vence, 04.93.24.19.19, www.lesbacchanales.com

À deux pas de la Chapelle du Rosaire à Vence, le restaurant gastronomique dirigé par le chef étoilé Christophe Dufau offre non seulement un voyage culinaire inventif, mais aussi un cadre splendide baigné de verdure. Ambiance chaleureuse et joyeuse. Un menu par semaine, selon les arrivages de saison. Organisation d'ateliers d'initiation au vin, de rencontres avec des vignerons et d'apéros jazz *(juil et août dim soir)*.

Logement *(voir carte p. 121)*

Hostellerie Les Remparts €-€€ [53]

72 rue Grande, 04.93.24.10.47, www.hostellerielesremparts.com

D'accès un peu difficile, cette hostellerie traditionnelle de neuf chambres offre l'un des meilleurs rapports qualité/prix de Saint-Paul. Accueil sympathique et petit déjeuner servi en terrasse les beaux jours, avec une vue panoramique qui vaut le coup d'œil. Restaurant de qualité.

Le Hameau €€€ [55]

528 route de La Colle, 04.93.32.80.24, www.le-hameau.com

À 1 km du village, à quelques pas de la Fondation Maeght, cet hôtel charmant offre un environnement paisible et romantique, avec une vue splendide sur Saint-Paul et une piscine où il fait bon se rafraîchir. Un petit paradis rempli de verdure et de belles fleurs, où vous vous régalerez d'un petit déjeuner maison au milieu des oliviers. Chambres très confortables et joliment décorées. Accueil impeccable.

La Colombe d'Or €€€€ [54]

fermé oct et nov; pl. du Général de Gaulle, 04.93.32.80.02, www.la-colombe-dor.com

Cet hôtel historique mythique, qui a abrité les amours de Simone Signoret et Yves Montand, a vu le jour en 1920 sous le nom de Chez Robinson. Les 13 chambres et 12 suites ont notamment hébergé Jacques Prévert, Lino Ventura et Serge Reggiani.

Le Mas de Pierre €€€€€ [56]

2320 route des Serres (hors remparts), 04.93.59.00.10, www.lemasdepierre.com

Cet hôtel-restaurant Relais et Châteaux est un havre de paix idyllique où luxe et tranquillité se conjuguent dans la douceur et le raffinement. Une halte qui a son prix, mais qui vous fera vivre une véritable expérience de volupté et vous laissera des souvenirs mémorables. En rénovation au moment de notre passage (réouverture prévue pour le printemps 2021).

7

De Cannes à Saint-Tropez

Lorsqu'on pense à la Côte d'Azur, ce sont spontanément les images de ce tronçon, entre Cannes et Saint-Tropez, qui viennent à l'esprit. On rêve à ses plages piquées de parasols et à ses marinas, destinations favorites des plaisanciers. Victime de son succès, la Côte d'Azur est malheureusement moins romantique que jadis, trop bétonnée, trop peuplée en été, trop de m'as-tu-vu. On préférera cette Riviera hors saison, quand les paillettes disparaissent et que l'authenticité reprend ses droits. On s'enfoncera également dans les terres, à la découverte du magnifique massif de l'Estérel, qui s'étire jusqu'à Fréjus. Cette percée dans la nature brute dévoile une tout autre facette de la Côte d'Azur, majestueuse et touchante. Un paradis des randonneurs et des cyclistes!

Corniche de l'Estérel

À voir, à faire

(voir carte p. 141)

La **Corniche de l'Estérel** ★★, cette route de 36 km qui serpente le long du littoral entre Cannes et Saint-Raphaël, relie entre elles de petites stations balnéaires, des criques de galets et des plages de sable.

Depuis Cannes, longez la côte par la D6098.

Château de La Napoule ★ [1]
adultes 6€, enfants 4€, visite guidée du château incluse; fév à oct 10h à 18h, nov à jan 10h à 17h; 453 av. Henry Clews, 04.93.49.95.05, www.chateau-lanapoule.com

Corniche d'Or.

Ce château d'origine médiévale a été racheté en 1918 par le sculpteur américain Henry Clews et sa femme, puis restauré avec une touche néo-médiévale fantasque. Le labyrinthe verdoyant du parc séduira les enfants de 3 à 10 ans qui sont invités à y faire une course au trésor.

Corniche d'Or ★★★ [2]

Ouverte en 1903, la route D559, qui relie Le Trayas à Anthéor (Cap Roux), est l'une des plus spectaculaires de la Côte d'Azur. Les hautes falaises rouges du massif de l'Estérel plongent dans la Méditerranée, découpant une enfilade de calanques et de petites plages accessibles par des escaliers à pic.

Rade d'Agay ★ [3]

Entre la Pointe de la Baumette et le Cap du Dramont, la rade d'Agay se déploie paisiblement, abritée des vents et des courants. Sa plage de sable doré légèrement rougeâtre, l'une des plus agréables de la région, s'étire sur 1 km. Une base nautique s'y est également installée, idéale pour appréhender la rade depuis la mer.

Agay

C'est dans cette petite station balnéaire qu'Antoine de Saint-Exupéry se maria en 1931 et séjourna jusqu'à sa disparition lors d'une mission aérienne en 1944. Agay constitue un bon point de départ pour des randonnées dans le massif de l'Estérel.

Continuez de longer la mer par la D559 et bifurquez sur la gauche au sémaphore du Dramont vers Tiki Plage.

De Cannes à Saint-Tropez

À voir, à faire ★

Corniche de l'Estérel
1. CW Château de La Napoule
2. CX Corniche d'Or
3. BX Rade d'Agay
4. BX Plage du Dramont/Sémaphore
5. BX Port de pêche du Poussaï
6. BX Île d'Or

Saint-Raphaël
7. BX Massif de l'Estérel
8. BX Plage du Veillat
9. BX Plage Beaurivage
10. BX Basilique Notre-Dame de la Victoire
11. BX Musée archéologique de Saint-Raphaël
12. BX Les Villas Belle Époque
13. BX Musée Louis de Funès

Fréjus
14. BX Vieille ville de Fréjus
15. BX Groupe épiscopal/Cloître/Baptistère
16. BX Musée archéologique de Fréjus
17. BX Pagode Hong Hien
18. BX La Villa Aurélienne et son aqueduc romain
19. BX Étangs de Villepey
20. BX Plage de Saint-Aygulf

Roquebrune-sur-Argens
21. AX Roquebrune

Grimaud et Port-Grimaud
22. AZ Village médiéval de Grimaud
23. AZ Place du Marché
24. AZ Place du Sud

Gassin
25. AZ Terrasse des Barris

Ramatuelle
26. AZ Le village médiéval
27. AZ Place de l'Ormeau
28. AZ Plage de Pampelonne
29. AZ Plage de L'Escalet
30. AZ Plage de Taillat

Activités ✸

Corniche de l'Estérel
31. BX Base nautique municipale d'Agay
32. CX Promenade de l'Aiguille

Saint-Raphaël
33. BX Balades dans le massif de l'Estérel
34. BX Golf de Valescure
35. BX Plages de Boulouris

Fréjus
36. BX Aqualand

Roquebrune-sur-Argens
37. AX La Base du Rocher
38. AY Sentier du Littoral

Grimaud et Port-Grimaud
39. AZ Coches d'eau

Achats ■

Saint-Raphaël
40. BX Poussin Jaune

Roquebrune-sur-Argens
41. AX Maison du Chocolat et Cacao
42. AX Maison du terroir
43. AX Moulin Le Clos Saint-Martin

Gassin
44. AZ Château Minuty
45. AZ La Maison des Confitures

Ramatuelle
46. AZ Au Temple de la Savonnerie
47. AZ Poterie Augier

Cafés et restos ●

Saint-Raphaël
48. BX Brasserie Hôtel Excelsior

Ramatuelle
49. AZ Café de l'Ormeau
50. AZ Chez Camille

↘ Suite de la liste p. 142

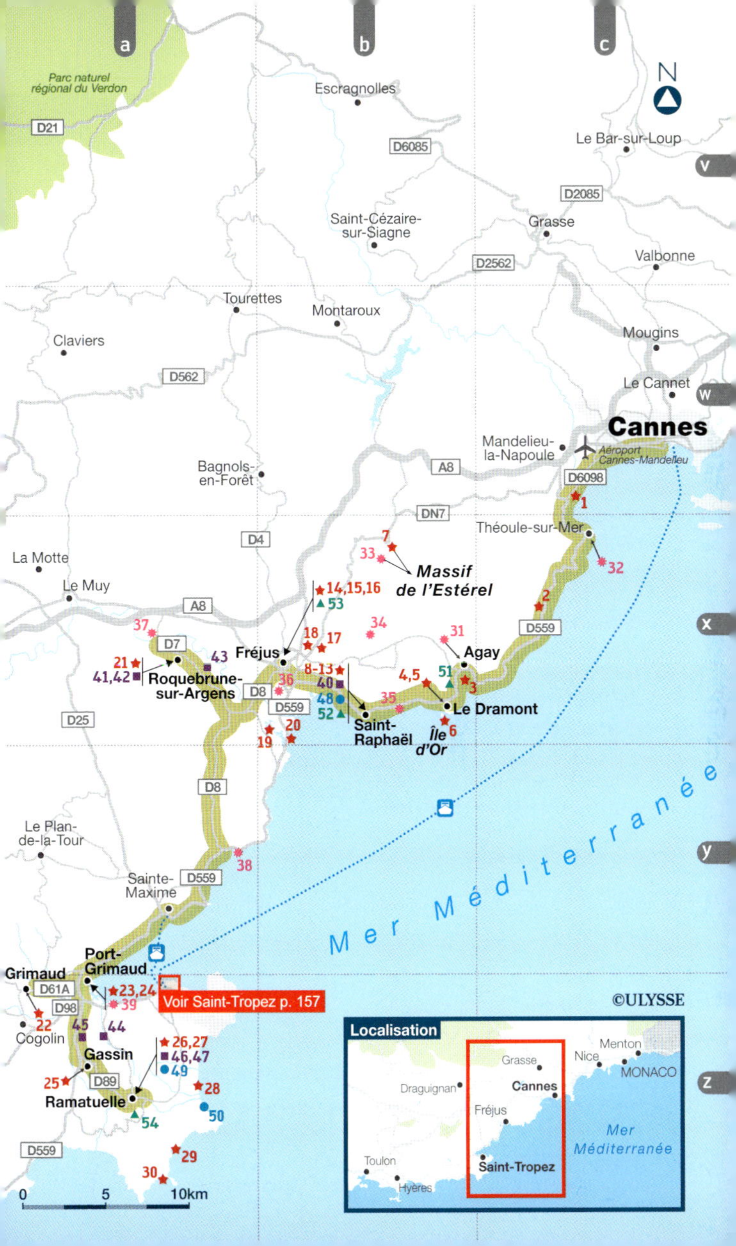

a
b
c
N
Parc naturel régional du Verdon
D21
Escragnolles
D6085
Le Bar-sur-Loup
v
D2085
Saint-Cézaire-sur-Siagne
Grasse
D2562
Valbonne
Tourettes
Montaroux
Claviers
Mougins
D562
Le Cannet
w
Cannes
Mandelieu-la-Napoule
Aéroport Cannes-Mandelieu
Bagnols-en-Forêt
A8
D6098
1
DN7
Théoule-sur-Mer
D4
7
33
32
La Motte
Massif de l'Estérel
Le Muy
14,15,16
53
2
A8
37
34
31
D559
x
D7
18
17
Agay
21
43
Fréjus
41,42
Roquebrune-sur-Argens
8-13
40
4,5
51
3
36
D8
48
D559
35
Le Dramont
D25
52
Saint-Raphaël
20
19
Île d'Or
6
D8
Le Plan-de-la-Tour
38
y
Sainte-Maxime
D559
Mer Méditerranée
Port-Grimaud
Grimaud
D61A
23,24
39
D98
Voir Saint-Tropez p. 157
22
45
44
Cogolin
Gassin
26,27
46,47
49
25
D89
28
Ramatuelle
50
54
z
D559
29
30
0
5
10km
©ULYSSE
Localisation
Grasse
Nice
Menton
MONACO
Draguignan
Cannes
Fréjus
Mer Méditerranée
Toulon
Saint-Tropez
Hyères

De Cannes à Saint-Tropez *(suite)*

Logement ▲

Corniche de l'Estérel
51. BX Hôtel de l'Estérel

Saint-Raphaël
52. BX Le Touring

Fréjus
53. BX Hôtel L'Aréna

Ramatuelle
54. AZ La Vigne de Ramatuelle

Le Dramont

C'est sur la **plage du Dramont** [4] que plus de 20 000 *G.I.* de la 36e division du Texas débarquèrent le 15 août 1944. À l'arrière-plan trône un **sémaphore** [4] construit en 1860 sur les ruines d'une tour de guet du XVIe s., et il sert encore aujourd'hui à surveiller les côtes et la navigation. Depuis le stationnement gratuit du Dramont, plusieurs options s'offrent à vous: la plage Camp Long à l'est, les rochers escarpés que cisaille la mer à l'ouest, ou encore une balade le long du littoral (soyez bien chaussé). Comptez environ 2h pour faire la boucle de 3 km avec un détour par le coloré port du Poussaï.

À 1,5 km par le boulevard du Sémaphore, le port du Poussaï vous accueille avec votre voiture.

Port de pêche du Poussaï [5]

Au pied du Cap du Dramont se trouve un petit port de pêche adorable. Si vous trouvez de la place pour vous garer, laissez votre voiture et longez la mer à pied pour trouver un coin de tranquillité sur les rochers à l'est, ou sur la plage à l'ouest.

Île d'Or [6]

En face du port du Poussaï, vous verrez la célèbre île d'Or *(ne se visite pas)*. Privatisée depuis 1897 et surmontée d'une tour emblématique en pierre rouge de l'Estérel, cette magnifique île fut immortalisée par Hergé dans l'un des albums de Tintin, *L'Île noire*.

Activités *(voir carte p. 141)*

Kayak de mer et planche à rame

Base nautique municipale d'Agay [31]
juin à sept; plage de l'Escale, 04.94.82.71.42

Rien ne vaut une sortie en kayak de mer ou en planche à rame pour découvrir la rade d'Agay et ses jolies calanques comme elles le méritent. Location sur place.

Randonnée pédestre

Promenade de l'Aiguille [32]
départ du stationnement situé près de l'office de tourisme sur l'esplanade du Général de Gaulle à Théoule-sur-Mer

Rade d'Agay.

Une très jolie balade à l'ombre des mimosas et des eucalyptus, accessible à toute la famille. Vous longerez les pitons de lave figée, rouge grenat, si typiques de Théoule-sur-Mer, et profiterez d'une petite crique pour vous immerger dans ses eaux cristallines. Arrivée à la « grotte de la Gardanne », jadis le refuge des contrebandiers. Comptez environ 1h30 pour parcourir les 3,8 km avec 160 m de dénivelé.

Logement *(voir carte p. 141)*

Hôtel de l'Estérel €€ [51]

2075-3001 bd de la 36e division du Texas, Agay, 04.94.82.51.00, www.pierreetvacances.com

Perché sur une petite colline surplombant la baie d'Agay, ce complexe de villégiature Pierre et Vacances est idéal pour les familles et les aînés qui ne veulent pas trop bouger. Hôtel à la nuitée ou location d'appartements à la semaine avec tous les services sur place : restaurants, piscine, tennis, petit terrain de golf, médecins, salon de massage et soins de thalassothérapie.

Poursuivez par la D559 pour rejoindre Saint-Raphaël.

Saint-Raphaël

À voir, à faire

(voir carte p. 141)

Sous l'Empire romain, Saint-Raphaël était déjà considérée par Fréjus comme sa banlieue résidentielle. Avec l'arrivée du chemin de fer au milieu du XIXe s., elle devint une station balnéaire de choix

Massif de l'Estérel.

Le massif de l'Estérel

Long d'une trentaine de kilomètres entre la Méditerranée et la Provence calcaire, l'Estérel détonne par sa roche volcanique, dont le porphyre rouge lui donne des effets flamboyants. Sur les 320 km² qui composent le massif, quelque 140 km² sont protégés par trois réserves biologiques. De nombreux circuits y ont été aménagés, permettant aux randonneurs, cavaliers et amateurs de VTT d'en apprivoiser les paysages.

Par souci de respect de l'environnement et de prévention des incendies, il est interdit d'y faire un feu et la circulation y est interdite de 21h à 6h du matin ainsi qu'en cas de fort mistral *(renseignements au 04.98.10.55.41)*.

Basilique Notre-Dame de la Victoire.

pour l'aristocratie, les artistes et les célébrités mondaines, comme en témoignent les édifices Belle Époque qui lui donnent encore un petit air rétro. Aujourd'hui, la commune, qui s'étire sur plusieurs kilomètres de côtes, constitue un lieu de villégiature apprécié particulièrement des randonneurs pour son emplacement aux portes du **massif de l'Estérel** ★★ [7].

Vous trouverez deux plages pour vous relaxer au soleil à Saint-Raphaël. La **plage du Veillat** [8] est située à l'est du Vieux-Port (sable, baignade surveillée et activités nautiques). Pour plus de tranquillité, optez pour la **plage Beau-rivage** [9], encore plus à l'est (galets).

Basilique Notre-Dame de la Victoire [10]

19 rue Jean Aicard, 04.94.19.81.29, www.paroissesaintraphael.fr

Construite à la fin du XIXe s., cette basilique coiffée d'un immense dôme est représentative du style romano-byzantin, très en vogue à la Belle Époque. Remarquez sur sa façade de grès rose l'archange Raphaël, symbole de la commune.

Musée archéologique de Saint-Raphaël [11]

entrée libre; juil à sept mar-sam 9h à 18h, oct à juin mar-sam horaire variable;
pl. de la Vieille Église, 04.94.19.25.75, www.musee-saintraphael.com

Aménagé dans un ancien presbytère du XVIIIe s. et dans l'église attenante, ce musée est réputé pour sa riche collection d'amphores qui proviennent de navires échoués

Musée Louis de Funès.

dans les environs, dont un vaisseau romain datant du Ier s. av. J.-C.

Les Villas Belle Époque [12]

circuit de 2 km au départ de l'Office de Tourisme de Saint-Raphaël, 99 Quai Albert Ier, 04.94.19.52.52

À ne pas manquer: la Villa Aublé, avenue Lyautey; la Villa Saint-Sébastien, boulevard Notre-Dame; la Maison close d'Alphonse Karr, au 313, boulevard Poincaré; et la Villa Les Palmiers, avenue Paul Doumer. Plan sur demande à l'Office de Tourisme de Saint-Raphaël.

Musée Louis de Funès ★ [13]

6€, enfants gratuit; mar-sam toute l'année, horaire variable; rue Jules Barbier, 04.98.11.25.80, www.museedefunes.fr

Le village qui a servi de décor à certaines scènes du film *Le Corniaud* (1965) a été choisi par Julia de Funès, petite fille du grand acteur, pour accueillir quelque 1 500 objets témoins de la vie de son grand-père. Ouvert en juillet 2019, le musée présente des accessoires de cinéma, des lettres, des affiches, des photos et des extraits de films, sans oublier l'uniforme du désopilant gendarme et la barbe de Rabbi Jacob. Un parcours spécial s'adresse aux enfants.

Activités *(voir carte p. 141)*

Golf

Golf de Valescure [34]

752 av. des Golfs, 04.94.82.40.46, www.golfdevalescure.com

Créé en 1895, ce majestueux golf, un des trois de Saint-Raphaël, est situé au pied du massif de l'Estérel et entouré de pins parasols. C'est le plus ancien du Var et le cinquième parmi les plus vieux de France. Sur la propriété se trouve un hôtel avec spa, piscine et courts de tennis.

Randonnée pédestre

Balades dans le massif de l'Estérel [33]

12€; réservations à l'Office de Tourisme de Saint-Raphaël, 99 Quai Albert Ier, 04.94.19.52.52

L'Office National des Forêts propose des circuits tout au long de l'année, en journée ou au crépuscule, sur différents thèmes pour découvrir cet étonnant massif. Vous pouvez également parcourir par vous-même 45 km de sentiers pédestres, 100 km de circuits pour vélo de montagne et 100 km de pistes équestres.

Plages de Boulouris [35]

Empruntez le sentier des Douaniers, qui débute après le port de Santa Lucia, au sud-est de la ville, pour rejoindre les criques isolées et les plages intimistes qui découpent le bord de mer. Une agréable balade à l'ombre des arbres, rythmée par la présence de jolies demeures du XIXe s.

Achats *(voir carte p. 141)*

Alimentation

Poussin Jaune [40]

52 rue Charabois, 04.94.95.05.66

Cette épicerie italienne tenue par deux sœurs ne paie pas de mine, mais on y trouve de délicieuses victuailles: pâtes maison, fromages, charcuteries et spécialités italiennes, légumes de jardin et olives.

Cafés et restos

(voir carte p. 141)

Brasserie Hôtel Excelsior

€€-€€€ [48]

tlj 12h à 14h30 et 19h à 22h; Hôtel Excelsior, 193 bd Félix Martin, 04.94.95.02.42, www.excelsior-hotel.com

Sur la belle terrasse ou dans la grande salle, on sert des produits de la mer et des viandes de qualité. Le menu à 39€ comprend une entrée, dont des huîtres, ainsi qu'un plat et un dessert ou une copieuse assiette de délicieux fromages.

Logement *(voir carte p. 141)*

Le Touring €€€€ [52]

1 Quai Albert Ier, 04.94.55.01.50, www.letouring.fr

Ce minuscule hôtel de 10 chambres mérite chacune de ses cinq étoiles. Sa petite taille lui permet d'offrir un service personnalisé. Sa décoration, librement inspirée de *Gatsby le Magnifique*, écrit par F. Scott Fitzgerald à Saint-Raphaël même, en fait un discret cocon de luxe. Jolie terrasse sur le port de plaisance. Petit déjeuner élégant.

Du Vieux Port de Saint-Raphaël, suivez la D559 jusqu'à Fréjus (à 3,5 km).

Groupe épiscopal de Fréjus.

Fréjus

À voir, à faire

(voir carte p. 141)

Fréjus détonne par son éclectisme. En l'an 49 av. J.-C., Jules César y fondait le Forum Julii, qui fit de **Fréjus** ★★ un carrefour commercial majeur sur la voie Aurélienne, laquelle reliait Rome et Arles sur le rivage de la mer Méditerranée. Au Moyen Âge, la ville devient un haut lieu épiscopal, puis une base militaire pour les troupes coloniales et enfin une station balnéaire pour le tourisme de masse au XXᵉ s. Il ressort de cette cité bimillénaire un joli méli-mélo d'influences et d'époques.

Vieille ville de Fréjus ★ [14]

Le vieux Fréjus est un musée à ciel ouvert de l'architecture du XVIᵉ au XVIIIᵉ s. Ne manquez pas la chapelle du couvent des Dominicaines, rue Montgolfier, la chapelle gothique Saint-François, place Agricola, et l'Hôtel des Quatre-Saisons, rue du Général de Gaulle. Une balade rapide, agréable et colorée.

Groupe épiscopal ★★ [15]

cloître: mai à août tlj 10h à 18h, sept à avr mar-dim 10h à 13h et 14h à 17h; cathédrale: accès libre 9h à 19h; 58 rue de Fleury, 04.94.51.26.30, http://cloitre-frejus.fr

Siège épiscopal depuis 374, Fréjus a accueilli les évêques jusqu'au déménagement du siège de l'évêché à Toulon en 1958. Le groupe épiscopal, bâti dès le Vᵉ s. et modelé jusque dans les années 1980 (vitraux),

Pagode Hong Hien.

comprend la **cathédrale Saint-Léonce**, intéressante pour sa nef principale datant du XIIIe s., son clocher et ses portes magnifiquement sculptées de la Renaissance, ainsi que pour les stalles de son chœur du XVe s.; le **cloître** ★ *(6€)*, qui intègre des éléments provenant d'un ancien théâtre romain (les colonnes viennent du *podium*, le double escalier a été construit avec les gradins, les personnages et animaux fantastiques des plafonds de bois ont été peints au XIVe s.); et enfin le **Baptistère** ★★ *(visite guidée uniquement, comprise dans le prix du billet du cloître)*, qui présente un intérêt exceptionnel puisqu'il figure parmi les plus anciens monuments chrétiens de la Gaule (Ve s.).

Musée archéologique de Fréjus ★ [16]

3€; avr à sept mar-dim 9h30 à 12h30 et 14h à 18h, oct à mars mar-sam 9h30 à 12h et 14h à 16h30; pl. Calvini, 04.94.51.83.83

Ce petit musée est célèbre pour sa magnifique mosaïque représentant une panthère, trouvée quasi intacte dans un riche palais romain, et pour son buste d'Hermès bicéphale, devenu l'emblème de la ville.

Pagode Hong Hien ★ [17]

2€; 13 rue Henri Giraud, 04.94.51.83.83

Un petit bout d'Asie en pleine Côte d'Azur. Bâtie en 1918 par des militaires vietnamiens ayant combattu aux côtés de l'armée française pendant la Première Guerre mondiale, cette pagode bouddhique offre un refuge zen pour flâner en toute quiétude.

Plage de Saint-Aygulf.

La Villa Aurélienne et son aqueduc romain [18]

entrée libre; été tlj 9h à 19h, reste de l'année tlj 9h à 17h; DN7 en direction de Cannes, 85 av. du Général Calliès, 04.94.52.90.49

À 2 km du centre se trouve la **Villa Aurélienne**, qui présente régulièrement des expositions temporaires de photographies. Vous apprécierez certainement le parc de 22 ha qui l'entoure. Il y reste quelques arches d'un **aqueduc romain** datant du Ier s. Autrefois long de 42 km, il alimentait en eau toute la ville de Fréjus.

Étangs de Villepey ★★ [19]

entrée libre; sentier d'interprétation fermé en partie de juin à sept; au sud-ouest de Fréjus par la D559, 04.94.51.97.60, www.conservatoire-du-littoral.fr

Entre mer, montagnes et rivières, les étangs de Villepey ont été façonnés dans l'ancien delta de l'Argens, dont les eaux douces se mêlent à la mer dans un tourbillon. Protégé par le Conservatoire du littoral, ce sanctuaire de vie sauvage s'étend sur 259 ha et accueille quelque 270 espèces d'oiseaux. Un milieu naturel exceptionnel qui se laisse découvrir grâce à un sentier d'interprétation de 7 km entre les étangs. Un observatoire aménagé en 2019 permet également d'embrasser du regard l'ensemble du site.

Plage de Saint-Aygulf ★★ [20]

au sud-ouest de Fréjus par la D559; grand stationnement (payant en saison)

Cette superbe plage de sable fin, entre dunes et lagune sauvage, s'étire sur 800 m le long des étangs de Villepey. Exposée au vent, elle fait la joie des amateurs de *kitesurf* et des planchistes. Notez qu'une partie de la plage est naturiste.

Activités (voir carte p. 141)

Parcs aquatiques

Aqualand [36]
adultes 28€, enfants 10,50€ à 21,50€; mi-juin à début sept tlj, horaire variable; camp de l'Abbé, 462 route départementale 559, 04.94.51.82.51, www.aqualand.fr

Un parc aquatique avec glissades de tous niveaux, piscine, aires de détente et services de restauration. Une journée en famille qui revient un peu cher, mais qui amusera les enfants.

Logement (voir carte p. 141)

Hôtel L'Aréna €-€€ [53]
139 rue du Général de Gaulle, 04.94.17.09.40, http://hotel-frejus-arena.com

Un petit coin de paradis au cœur du quartier historique de Fréjus. Personnel accueillant et attentif. Chambres confortables et décoration de style provençal. Magnifique jardin et piscine agréable. Le restaurant de l'hôtel propose une cuisine raffinée.

De Fréjus, suivez la D8 puis la D7 pour rejoindre Roquebrune-sur-Argens (à 12 km).

Roquebrune-sur-Argens

À voir, à faire

(voir carte p. 141)

Située entre Cannes et Saint-Tropez, **Roquebrune-sur-Argens** ★★ est la conjugaison de trois entités: le village de Roquebrune dans les terres, les Issambres sur le littoral et la Bouverie, d'où partent de nombreuses randonnées. Entourée des contreforts des massifs de l'Estérel et des Maures, entre fleuve (Argens) et mer (Méditerranée), Roquebrune-sur-Argens fut difficilement accessible jusqu'au XIXe s., ce qui explique son caractère si préservé. Il y souffle un doux air de Provence qui séduit les familles à la recherche d'authenticité.

Roquebrune ★★ [21]
Le village de Roquebrune vaut le détour pour son cadre protégé et son caractère à la fois charmant et vivant. Hors des sentiers battus, il étonne par son architecture médiévale, ses fontaines, ses maisons à arcades, ses terrasses ombragées, ses ruelles sinueuses, son marché provençal et sa tour de l'horloge datant du XVIe s. Un « millefeuille d'histoire » qui se dévoile à quiconque prend le temps de l'appréhender.

Port-Grimaud.

Activités (voir carte p. 141)

Kayak

La Base du Rocher [37]
location de kayaks à partir de 15€/h; mi-juin à fin sept tlj 9h à 19h; 19 ch. du Lac, 06.61.41.75.74, http://basedurocher.fr

Descendez les eaux douces de l'Argens jusqu'à la mer. Pique-niquez sur une petite plage de sable et observez la faune qui ponctue le parcours: martins-pêcheurs, rapaces, crapauds, petits oiseaux colorés. Une magnifique balade sportive d'une durée de 4h.

Randonnée pédestre

Sentier du Littoral [38]
Les Issambres

Créé sous le Second Empire, le sentier du Littoral (également connu sous le nom de «sentier des Douaniers») commence à la plage de San Peïre (vous pourrez vous garer au stationnement de l'Arpillon) et se termine à la pointe de la Calle. Au cours du trajet, vous découvrirez de jolies calanques et un superbe vivier gallo-romain classé monument historique. Le sentier s'étire sur 4,8 km avec un dénivelé de 407 m.

Achats (voir carte p. 141)

Alimentation

Maison du Chocolat et Cacao [41]
horaire variable; chapelle des Sœurs de la Charité de Nevers, rue de l'Hospice, 04.94.45.42.65, www.facebook.com/maisonduchocolatetcacao

Quatre chocolatiers locaux se sont réunis dans une chapelle du XVIIe s. pour transmettre leur passion du cacao. Chasses au trésor et ateliers ludiques sur réservation.

Maison du terroir [42]

mar-sam 10h à 12h30 et 14h30 à 18h; 4 pl. Alfred Perrin, 04.94.81.14.47, www.facebook.com/maisonduterroirroquebrune

On trouve dans cette ancienne grange les produits d'agriculteurs locaux (horticulteurs, maraîchers, viticulteurs, apiculteurs, oléiculteurs), à déguster sur place ou à acheter.

Moulin Le Clos Saint-Martin [43]

avr à oct mar-ven (visites à 10h30); Campagne St-Martin, 04.94.45.72.91, http://moulinleclossaintmartin.com

Dégustation, visite du moulin et vente d'huiles d'olive produites selon les méthodes ancestrales et extraites à froid.

De Roquebrune-sur-Argens, suivez la D7 puis la D8 jusqu'au bord de mer. Longez ensuite la D559 jusqu'à Port-Grimaud. Le village médiéval de Grimaud se trouve quant à lui à 6 km du littoral par la D61A.

Grimaud et Port-Grimaud

À voir, à faire

(voir carte p. 141)

Sur les hauteurs de la colline, après la petite ville endormie de Cogolin (autrefois réputée pour ses fabriques de pipes), on arrive dans le petit village médiéval de **Grimaud** ★★. Si y pénétrer en voiture relève du casse-tête, se balader à pied dans son lacis de calades (ruelles pavées en pente) fleuries est un pur bonheur. Côté mer, en bordure du golfe de Saint-Tropez, **Port-Grimaud** ★★ s'anime au fil des «coches d'eau».

Village médiéval de Grimaud ★★ [22]

Il faut prendre le temps de se promener dans ce village typiquement provençal, dominé par les vestiges de son château féodal (XIe s). Sur les hauteurs, on jouit d'un panorama sur tout le golfe de Saint-Tropez.

Port-Grimaud ★★

D'inspiration «vénitienne», cette ville moderne du XXe s. fut construite dans une zone marécageuse par l'architecte François Spoerry. Les commerces et les jolis petits cottages colorés sont accessibles par des canaux que traversent des ponts. Aucune circulation automobile n'y est permise: on laisse donc sa voiture dans les grands stationnements payants à l'entrée du village. La **place du Marché** [23] et **la place du Sud** [24] constituent deux pôles animés dans cette cité lacustre qui arbore un charme entièrement fabriqué mais avec goût et élégance. Judicieusement situé face à Saint-Tropez, Port-Grimaud constitue un pied-à-terre paisible dans la région.

Activités *(voir carte p. 141)*

Excursions en bateau

Coches d'eau [39]

6€/20 min; juil et août tlj 10h à 21h (jusqu'à 18h hors saison); pl. du Marché, 06.73.87.76.84, www.hpco.fr

Parcourez les canaux de Port-Grimaud à bord d'un «coche d'eau», un petit bateau propulsé par énergie solaire. Vous pouvez également louer une barque électrique *(30€/30 min)*.

*La route D559 qui mène à Saint-Tropez étant à voie unique, elle est congestionnée depuis Sainte-Maxime en toute saison, avec un pic particulièrement désagréable en été (comptez au moins 1h pour faire 10 km). Le meilleur moyen pour se rendre à Saint-Tropez est donc par voie maritime, en utilisant les navettes des sociétés **Trans Côte d'Azur** ou **Bateaux Verts** (voir p. 200).*

Saint-Tropez

À voir, à faire

(voir carte p. 157)

Saint-Tropez ★★★ en été peut sembler oppressante. En témoignent les énormes yachts presque plus hauts que les façades du port, qui en masquent la vue. Mais outre ces clichés d'opulence et de clinquant propres à la saison estivale, Saint-Tropez est un très joli village, et il est agréable de s'enfoncer dans ses adorables ruelles loin du port et des boutiques de luxe du «carré d'or».

Le village sort de l'anonymat au début du XXe s., grâce notamment au peintre Paul Signac et à ses amis artistes qui y trouvent une lumière et une douceur sans précédent. Mais c'est avec Brigitte Bardot, qui crève l'écran dans *Et Dieu... créa la femme*, puis la série des films «Le Gendarme» de Louis de Funès, que Saint-Tropez devint mythique. Depuis, les starlettes et milliardaires du monde entier s'y retrouvent chaque été dans un luxe ostentatoire, que des hordes de touristes viennent reluquer avec curiosité, un spectacle qui en occulte le charme. Si vous le pouvez, choisissez plutôt l'automne ou le printemps pour le visiter, quand la lumière reflète sa beauté intérieure... Saint-Tropez est alors merveilleux!

Musée de l'Annonciade ★★★ [1]

6€; juil à sept lun 10h à 21h, mar-dim 10h à 19h, oct, nov et mars à juin mar-dim 10h à 18h, déc à fév mar-dim 10h à 17h; 2 place Georges Grammont, 04.94.17.84.10

Créé en 1922 et installé dans l'ancienne chapelle Notre-Dame de l'Annonciade (1568), ce ravissant musée nous rappelle que Saint-Tropez était l'un des foyers de l'avant-garde picturale au début du XXe s., grâce notamment au travail du peintre néo-impressionniste Paul Signac. Essentiellement liées aux mouvements pointilliste, nabi et fauve, les

Musée de l'Annonciade.

collections présentées sont surprenantes, tant par leur qualité que par leur homogénéité.

Maison des Papillons – Musée Dany Lartigue ★ [2]

2€; début juil à début sept et fin déc à début jan tlj 14h à 17h, début mai à début juil et début sept à début nov lun-mer et sam-dim 14h à 17h; 9 rue Étienne Berny, 04.94.97.63.45, www.facebook.com/papillonssainttropez

Un joli petit musée empreint de poésie, où petits et grands s'émerveillent devant la riche collection du peintre et entomologiste Dany Lartigue, qui comprend 20 000 papillons du monde entier.

Musée de la gendarmerie et du cinéma ★ [3]

4€; mi-juil à fin août tlj 10h à 19h, sept, oct et début avr à mi-juil tlj 10h à 18h, nov, déc et jan à mars tlj 10h à 17h; 2 place Blanqui, 04.94.55.90.20, www.facebook.com/mgcsainttropez

Ce musée présente l'histoire du cinéma à Saint-Tropez et de ses gendarmes fictifs sur le lieu qui accueillit la vraie brigade de Saint-Tropez de 1879 à 2003.

Place aux Herbes ★ [4]

Derrière le quai Jean Jaurès se cache l'adorable place aux Herbes, qui attire encore, chaque matin, les Tropéziens qui y font le plein de fruits et légumes.

Tour du Portalet ★ [5]

Lorsque la tour du Portalet fut construite au XVe s., elle faisait partie des fortifications de Saint-Tropez. De cet endroit, la vue s'ouvre sur la **Tour vieille**, datant de la même époque, qui marque une des extrémités du port des pêcheurs de La Ponche, où vous trouverez une petite plage charmante.

Saint-Tropez

Saint-Tropez.

À voir, à faire

1. AY Musée de l'Annonciade
2. BY Maison des Papillons – Musée Dany Lartigue
3. AZ Musée de la gendarmerie et du cinéma
4. BX Place aux Herbes
5. BX Tour du Portalet
6. BX Place de la Mairie
7. CX Église Notre-Dame de l'Assomption
8. CZ Place des Lices
9. CZ Chapelle Sainte-Anne
10. DX Citadelle et Musée d'histoire maritime de Saint-Tropez

Achats

11. BY Atelier Rondini
12. CZ Grand Marché
13. BX Kiwi Saint-Tropez
14. BY La Tarte Tropézienne

Cafés et restos

15. AZ La Vague d'Or
16. CY Restaurant Le G'envie
17. BX Sénéquier

Bars et boîtes de nuit

18. BY Bar du Sube
19. CX L'Esquinade Club
20. DZ Les Caves du Roy

Localisation
Menton
Grasse
Nice
MONACO
Draguignan
Cannes
Fréjus
Mer Méditerranée
Toulon
Saint-Tropez
Hyères
Vieux Port
rue du Portalet
rue Saint-Esprit
St-Pierre
rue du Four
rue Commandant Guichard
pl. de l'Hôtel de Ville
rue Saint-Tropez
rue des Pêcheurs
rue Cavaillon
av. Antoine de Saint-Exupéry
ch. des Graniers
rue du Cepoun San Martin
rue Sibille
rue du Clocher
rue Saint-Jean
rue des Remparts
rue des Quatre Vents
Quai Jean-Jaurès
rue Victor Laugier
rue de la Citadelle
rue de l'Aïoli
montée de la Citadelle
Quai de l'Épi
Quai Hippolyte Bouchard
Quai Suffren
rue François Sibilli
rue Gambetta
rue des Feniers
rue du Portail Neuf
rue Miséricorde
av. Paul Signac
place Alphonse Celli
Quai Gabriel Péri
av. du 11 Novembre 1918
rue de la Nouvelle Poste
rue de l'Annonciade
rue Henri Seillon
rue Général Allard
rue Georges Clemenceau
rue Garonne
rue Étienne Berry
rue des Charrons
rue des Tisserands
montée Guy Ringrade
av. Foch
rue de la Poste
rue Dr. Boutin
D98A
Traverse de la Gendarmerie
rue Joseph Quaranta
bd Vasserot
Pl. Blanqui
av. Général de Gaulle
bd Louis Blanc
av. Augustin Grangeon
place du 15e Corps
rue du Temple
rue de la Résistance
bd des Amandiers
av. Paul Roussel
©ULYSSE
0
100
200m
N
x
y
z
a
b
c
d
e
1
2
3
4
5
6
7
8
9
10
11
12
13
14
15
16
17
18
19
20

Tarte tropézienne.

Place de la Mairie ★ [6]

La légende dit que la porte de la mairie aurait été sculptée par des indigènes de Zanzibar autour de 1860. Elle donne accès à la ravissante rue de La Ponche.

Église Notre-Dame de l'Assomption ★ [7]

Édifiée au XVIIIe s., cette église, dont le clocher jaune emblématique domine les toits, abrite le buste de saint Torpès. On porte le buste du saint à travers la ville lors des processions de La Bravade.

Place des Lices [8]

Haut lieu tropézien, la place des Lices est LE point de rencontre de la ville. On y vient pour l'animation de son marché, les mardi et samedi matins, pour jouer à la pétanque avec les habitués ou boire un verre à la terrasse des cafés.

Chapelle Sainte-Anne [9]

Classée monument historique, la chapelle Sainte-Anne a été érigée en 1618 par les Tropéziens en remerciement d'avoir été épargnés de la peste. Juchée sur la colline Sainte-Anne, complètement au sud du village, elle jouit d'une vue remarquable sur le golfe.

Citadelle et Musée d'histoire maritime de Saint-Tropez ★★ [10]

3€; avr à sept tlj 10h à 18h30, oct à mars tlj 10h à 17h30; 1 montée de la Citadelle, 04.94.97.59.43, www.facebook.com/citadellesainttropez

On ne peut repartir de Saint-Tropez sans avoir vu sa citadelle. Bâtie au XVIe s., elle domine la ville et trône au milieu d'un grand parc naturel. Élément de défense le plus important entre Antibes et Toulon durant des siècles, elle demeure l'un des seuls monuments de cette ampleur sur la côte varoise. Le donjon abrite le Musée d'histoire maritime de Saint-Tropez, très joli et bien fait.

Achats *(voir carte p. 157)*

Alimentation

Grand Marché [12]
mar et sam 8h à 13h; pl. des Lices
Deux fois par semaine, la place des Lices s'anime autour de ce marché où les victuailles avoisinent les étalages de vêtements, d'antiquités et de spécialistes du *vintage*. Certainement pas le meilleur endroit pour faire des affaires, mais ce tourbillon de couleurs, d'odeurs, de saveurs et de textures vaut le coup d'œil.

La Tarte Tropézienne [14]
tlj 6h30 à 20h30; pl. des Lices, 04.94.97.94.25, http://latartetropezienne.fr
En 1955, Alexandre Micka, un Polonais séduit par Saint-Tropez, ouvre une pâtisserie place de la Mairie. Il y propose une brioche à la crème inspirée de la recette de sa grand-mère. Brigitte Bardot, une inconditionnelle des desserts depuis le tournage du film *Et Dieu... créa la femme*, lui suggère un jour de la baptiser « La Tropézienne ». Une nouvelle star était née! Aujourd'hui, on retrouve l'enseigne de La Tarte Tropézienne dans plusieurs villes de la Côte d'Azur, et même à Paris.

Vêtements et accessoires

Atelier Rondini [11]
lun-sam 9h30 à 12h30 et 14h à 19h, dim 10h à 13h et 15h à 19h; 18 rue Georges Clemenceau, 04.94.97.19.55, www.rondini.fr
La famille Rondini travaille le cuir depuis 1927, et plus particulièrement les célèbres sandales « Tropéziennes ».

Kiwi Saint-Tropez [13]
34 rue Général Allard, 04.94.97.42.26, www.kiwi.fr
Dans cet antre du style tropézien chic et décontracté, vous trouverez une collection de maillots de bain et d'accessoires pour hommes, femmes et enfants, pour parader avec style sur les plages de Saint-Tropez.

Cafés et restos

(voir carte p. 157)

Sénéquier €€-€€€ [17]
tlj 8h à 22h; 29 Quai Jean Jaurès, 04.94.97.20.20, https://senequier.com
La terrasse légendaire du port, dont les fauteuils rouges célébrissimes accueillirent autant Jean Cocteau et Errol Flynn que Paul Éluard. Aujourd'hui, ce café attire toujours les stars feignant la surprise d'être prises en photo. Selon les habitants, on y servirait la meilleure « tarte tropézienne » maison en ville, même si la spécialité de la maison a d'abord été le nougat.

Restaurant Le G'envie €€€ [16]

mar-dim 12h à 14h30 et 19h30 à 23h30; 67 rue du Portail Neuf, 04.94.79.85.09, www.facebook.com/LeGRestaurant

Cuisine raffinée et abordable, personnel accueillant et sympathique: une rareté à Saint-Tropez! Petite terrasse ouverte sur une rue piétonne, sur les hauteurs de la ville, à une centaine de mètres de la Citadelle.

La Vague d'Or €€€€ [15]

jeu-mar 19h30 à 22h; Cheval Blanc, plage de la Bouillabaisse, 04.94.55.91.00, www.chevalblanc.com

Officiant aux fourneaux du restaurant La Vague d'Or de l'hôtel Cheval Blanc, le chef primé Arnaud Donckele propose une expérience gastronomique aux convives qui ont les moyens de se l'offrir. Une des grandes tables de France.

Bars et boîtes de nuit

(voir carte p. 157)

Bar du Sube [18]

Hôtel Sube, 15 Quai de Suffren, 04.94.97.30.04, www.hotelsubesainttropez.com

Seul hôtel du port, le Sube jouit d'un emplacement de choix. Ses chambres donnent soit sur la mer, soit sur un patio et ses oliviers. À défaut d'y dormir, on peut venir y boire un verre. Demandez alors l'une des tables sur le petit balcon du bar au premier étage. Certainement le meilleur point de vue pour épier la vie tropézienne!

L'Esquinade Club [19]

jeu-mar; 5 rue du Four, derrière la place de la Mairie, 06.13.24.09.88, www.facebook.com/discotheque.esquinadesaintropez

Petite boîte de nuit et bar gay.

Les Caves du Roy [20]

à partir de 0h; av. du Maréchal Foch, 04.94.56.68.00, www.lescavesduroy.com

Discothèque la plus huppée de la Côte d'Azur. Vous y verrez certainement quelques stars de passage à Saint-Tropez.

Du carrefour de la Foux (entre Port-Grimaud et Saint-Tropez), empruntez la D559 puis la D89 vers Gassin.

Gassin

À voir, à faire

(voir carte p. 141)

Il fait bon s'arrêter à **Gassin** ★★ pour une pause après l'activité frénétique de Saint-Tropez. Ce village fortifié du XIe s., qui compte parmi les plus beaux villages de France, englobe un panorama de la Côte d'Azur qui s'étend jusqu'aux îles d'Hyères. En déambulant dans ses ruelles étroites à l'heure de la sieste, vous pourrez savourer l'ambiance paisible du lieu.

Terrasse des Barris [25]

Cette terrasse fortifiée, plantée de micocouliers centenaires, s'ouvre sur un paysage à couper le souffle depuis les îles d'Or jusqu'aux Alpes.

Gassin.

Achats *(voir carte p. 141)*

Alimentation

Château Minuty [44]
2491 route de la Berle, 04.94.56.12.09, www.minuty.com
Les amateurs de vin parcourront certainement avec grand intérêt ce magnifique domaine viticole. Visite des caves (chai, salle des cuves et d'embouteillage).

La Maison des Confitures [45]
lun-sam 9h30 à 19h (20h en été), aussi dim 10h à 13h en été; route du Bourrian, 04.94.43.41.58, www.maisondesconfitures.fr
Les gourmands ne sauront plus où donner de la tête devant le vaste choix de confitures artisanales que propose la maison. Pas moins de 450 saveurs, des plus classiques (fraises, griottes) aux plus créatives (figues-bananes, mûres-fruit de la passion, ananas au champagne)!

Empruntez la D89 puis la route des Moulins de Paillas jusqu'à Ramatuelle.

Ramatuelle

À voir, à faire

(voir carte p. 141)

Le nom de **Ramatuelle** ★★ vient d'un mot arabe signifiant « providence divine », le village datant des invasions sarrasines du Xe s. Juché à 130 m sur le contrefort de la colline de Paillas, au cœur de la nature, ce superbe village domine toute la baie de Pampelonne et la plaine agricole.

Plage de Pampelonne.

C'est dans ce village paisible entouré de vignobles que repose le célèbre comédien Gérard Philippe. Un festival de théâtre y est d'ailleurs organisé chaque été. Ramatuelle offre également quelques-unes des plages les plus connues de la Côte d'Azur : la plage de Pampelonne, la plage de Tahiti, la plage des Salins et, enfin, la plage des Canebiers, qui abrite la Madrague, domaine de Brigitte Bardot.

Le village médiéval ★★ [26]

Construit en colimaçon, le village médiéval est un bijou provençal avec ses porches, escaliers en pierre, passages obscurs, placettes ombragées et ruelles étroites et fleuries. Les façades ocre et les volets pastel sont fleuris de jasmins, de chèvrefeuilles et de bougainvilliers, un vrai régal pour les sens.

Place de l'Ormeau ★★ [27]

Cœur vibrant du village, avec ses petits bars et terrasses à l'ombre des pergolas, la place de l'Ormeau accueille également un marché provençal le jeudi et dimanche (des navettes vous y emmènent gratuitement en haute saison depuis les stationnements situés au bas du village, près du tennis).

Plage de Pampelonne ★★★ [28]

Cette immense plage de sable blanc de 4,5 km de long, classée « espace naturel remarquable », est à l'origine du « mythe tropézien ». Bien qu'elle soit largement publique, une vingtaine d'établissements privés (dont les célèbres Plages Tahiti et Club 55) y attirent le jet-set du monde entier.

Plage de L'Escalet ★★ [29]

Située entre le Cap Camarat et le Cap Taillat, cette superbe plage familiale s'étire sur environ 350 m. Idéale en fin de journée, elle a ce côté un brin sauvage qui la rend si belle. Les marcheurs bien chaussés, à la recherche de tranquillité, pourront suivre le sentier du Littoral, qui part de la plage et longe une grande partie de la Côte d'Azur.

Plage de Taillat ★★ [30]

La seule façon de se rendre à cette plage consiste à longer le sentier du Littoral depuis la plage de l'Escalet. Comptez 45 min en prenant votre temps.

Achats *(voir carte p. 141)*

Poterie

Poterie Augier [47]

avr à oct tlj 10h30 à 18h30, sauf dim fermé en après-midi; 1 place de l'Ormeau, 04.94.79.24.17

On vend ici une belle gamme de produits 100% provençaux, en terre vernissée aux couleurs attrayantes, du coquetier au plat de service.

Produits de beauté

Au Temple de la Savonnerie [46]

avr à oct tlj 10h30 à 18h30; 2 rue des Amoureux, 04.94.79.10.34, www.autempledelasavonnerie.com

Eaux de Cologne de Provence, savons de Marseille et d'Alep, produits à la lavande et, même, cosmétiques à la bave d'escargot bio.

Cafés et restos

(voir carte p. 141)

Café de l'Ormeau €-€€ [49]

jeu-mar 7h30 à 13h et 15h30 à 19h; pl. de l'Ormeau, 04.94.79.20.20

Tenu par la même famille depuis des générations, ce bar authentique, blotti à l'ombre de l'ormeau de la place du même nom, est l'endroit parfait pour s'imprégner de l'âme de Ramatuelle.

Chez Camille €€€ [50]

avr à oct mer-lun midi et soir; plage de Bonne Terrasse, sur la route de Camarat, 04.98.12.68.98, www.chezcamille.fr

Ce restaurant de bord de plage, prisé par les fins gourmets locaux, est situé entre Saint-Tropez et Ramatuelle. On s'y délecte d'une bouillabaisse ou d'un poisson fraîchement pêché, dans un cadre sublime.

Logement *(voir carte p. 141)*

La Vigne de Ramatuelle €€€€ [54]

1436 route de Collebasse, 04.94.79.12.50, www.lavignederamatuelle.com

Rêvé et construit par Jacqueline et Yvon Samuel, grand reporter et écrivain, cet hôtel de charme de 17 chambres et suites célèbre leur amour de la vigne, du terroir et des saveurs avec luxe et générosité. Un havre de sérénité tout en élégance et discrétion, à 10 min des plus belles plages de la presqu'île tropézienne. Retraites de yoga, cuisine santé.

8

De Saint-Tropez à Bandol

Dès qu'on quitte la presqu'île de Saint-Tropez pour se diriger vers l'ouest, on laisse derrière soi la partie la plus connue de la Côte d'Azur. La vie mondaine n'y est certes pas aussi importante, et ses plages sont sans doute moins connues internationalement, mais cette partie de la Côte d'Azur demeure une destination de villégiature qui regorge de beautés naturelles. Mentionnons les sublimes îles d'Hyères, dont le caractère idyllique, entre petites criques, sentiers perchés et mer turquoise, fait toujours rêver les voyageurs. Mais aussi Le Lavandou et son enfilade de plages, l'étonnant Domaine du Rayol non loin et le fameux village de Bormes-les-Mimosas, resplendissant en hiver quand fleurissent les odorants boutons jaunes. Sans oublier le massif des Maures, qui étale ses magnifiques collines jusqu'à Hyères, et, enfin, la région de Bandol, dont l'arrière-pays, terre vénérée de vin, possède un charme indéniable.

Massif des Maures

À voir, à faire

(voir carte p. 167)

Le **massif des Maures** ★★★ s'étend sur une longueur de 60 km et sur une largeur de 30 km entre Fréjus et Hyères. Ses sommets atteignent près de 800 m. Le massif est sillonné de plusieurs routes et de nombreux sentiers de randon-

Chartreuse de la Verne.

née qui s'ouvrent sur des paysages restés merveilleusement sauvages.

Depuis Saint-Tropez, prenez la D14, qui mène à Collobrières.

Collobrières

Capitale des Maures, ce village est l'un des plus pittoresques et des plus authentiques du Var. Entouré d'immenses forêts, il est traversé par une petite rivière sauvage qui lui confère un air champêtre. Vous pouvez vous y arrêter brièvement, le temps d'aller acheter quelques marrons glacés à la Confiserie Azuréenne (voir plus loin).

Chartreuse de la Verne ★★

[1]

6€; juin à août mer-lun 11h à 18h, sept à déc et fév à mai mer-lun 11h à 17h; 04.94.43.48.28

L'histoire de la Chartreuse, située à 12 km à l'est de Collobrières, remonte à 1170. Dans les siècles qui ont suivi, elle a toutefois subi de multiples destructions, principalement à cause d'incendies de forêt. Après le dernier feu, en 1721, la Chartreuse a connu une importante restauration et fut considérablement agrandie. Le monastère est devenu « bien national » à la Révolution. Depuis 1982, il héberge les sœurs de Bethléem.

Quittez Collobrières en suivant la D14, puis empruntez la D39 sur 9 km jusqu'au col des Fourches. Bifurquez vers la gauche sur la petite route qui monte.

De Saint-Tropez à Bandol

À voir, à faire

Massif des Maures
1. DY Chartreuse de la Verne
2. CY Sanctuaire Notre-Dame des Anges
3. CX Village des Tortues
4. DX Abbaye du Thoronet

Le Lavandou
5. DZ Plages du Lavandou
6. DY Domaine du Rayol

Bormes-les-Mimosas
7. DY Chapelle Saint-François de Paule
8. DY Musée Arts et Histoire
9. DZ Fort de Brégançon

Hyères-les-Palmiers
10. CZ Vieille ville d'Hyères/ Tour des Templiers/ Place Massillon
11. CZ Villa Noailles
12. CZ Plage la Bergerie
13. CZ Plage la Madrague
14. CZ Plage l'Almanarre

Île de Porquerolles
15. CZ Fort Sainte-Agathe
16. CZ Moulin du Bonheur
17. CZ Jardins Emmanuel Lopez
18. CZ Villa Carmignac
19. CZ Plage de la Courtade
20. CZ Plage Notre-Dame
21. CZ Plage d'Argent
22. CZ Plage blanche du Langoustier
23. CZ Plage noire du Langoustier

Île de Port-Cros
24. DZ Plage du Sud
25. DZ Plage de la Palud
26. DZ Plage de Port-Man
27. DZ Fort de l'Estissac

Île du Levant
28. DZ Domaine des Arbousiers
29. DZ Plage des Grottes

Toulon
30. AX Vieux-Toulon/Fontaine des Trois Dauphins
31. AX Musée d'Art de Toulon
32. BY Mont Faron
33. BY Zoo-Fauverie du Mont-Faron
34. BY Mémorial du débarquement et de la libération de Provence
35. BZ Le Mourillon

Sanary-sur-Mer
36. AZ Chapelle Notre-Dame de Pitié
37. AY Parc animalier et botanique de Sanary-sur-Mer
38. AZ Île des Embiez/Institut océanique Paul Ricard

Bandol
39. AY Église Saint-François-de-Sales
40. AY Anse de Renécros
41. AZ Île de Bendor

Activités

Massif des Maures
42. DY Menhirs du Plateau Lambert
43. DY Sentier botanique

Le Lavandou
44. DZ Lavandou Plongée
45. DZ Vedettes Îles d'Or

Bormes-les-Mimosas
46. DZ Cap Bénat

Hyères-les-Palmiers
47. CZ Espace Nature des Salins d'Hyères
48. BZ KiteSurf Passion

Île de Porquerolles
49. CZ La Méduse
50. CZ Porquerolles Plongée

Île de Port-Cros
51. DZ Sentier des Plantes
52. DZ Sentier sous-marin

Île du Levant
53. DZ Sentier nature

Toulon
54. AY Les Bateliers de la rade
55. BZ Sentier du Littoral

Bandol
56. AY Centre International de Plongée de Bendor

Suite de la liste p. 168

Toulon
rue Revel
bd Général Leclerc
av. Vauban
rue Hippolyte Duprat
rue Racine
bd de Tessé
bd de Strasbourg
rue Berthelot
rue Corneille
rue Paul Lendrin
rue Alézard
place Vincent Raspail
place d'Armes
av. Général Magnan
rue Anatole France
rue Jean Jaurès
rue Louis Jourdan
rue Charles Poncy
Vieux-Toulon
rue Pierre Sémard
rue Baudin
rue Dr Camille Auban
rue des Savonnières
rue des Riaux
rue de la Glacière
place de la Cathédrale
Cours Lafayette
av. de la République
Localisation
Menton
Nice
MONACO
Grasse
Cannes
Draguignan
Fréjus
Bandol
Toulon
Hyères
Saint-Tropez
Mer Méditerranée
Thoronet
Cabasse
Brignoles
Le Luc
Flassans-sur-Issole
Gonfaron
Carnoules
Garéoult
Cuers
Solliès-Pont
Collobrières
Massif des Maures
Grimaud
Cogolin
Sainte-Maxime
Saint-Tropez
La Môle
Ramatuelle
Le Castellet
Domaine Tempier
Château de Pibarnon
Bandol
La Crau
La Londe-les-Maures
Bornes-les-Mimosas
Rayol-Canadel-sur-Mer
Cavalaire-sur-Mer
Le Lavandou
Toulon
Voir agrandissement
La Seyne-sur-Mer
Sanary-sur-Mer
Tamaris
Six-Fours-les-Plages
Île des Embiez
Hyères-les-Palmiers
Aéroport international de Toulon - Hyères
Cap Bénat
Îles d'Hyères
Île du Levant
Héliopolis
Presqu'île de Giens
Porquerolles
Île de Porquerolles
Île de Port-Cros
Port-Cros
Parc national de Port-Cros
Mer Méditerranée
0
10
20km
©ULYSSE

De Saint-Tropez à Bandol (suite)

Achats ■

Massif des Maures
57. DY Confiserie Azuréenne

Hyères-les-Palmiers
58. CZ Côté Sud

Toulon
59. AX Le petit biscuitier
60. BX Marché du cours Lafayette
61. AX Seagale

Cafés et restos ●

Le Lavandou
62. DZ L'Arbre au Soleil

Île de Porquerolles
63. CZ Le Mas du Langoustier/La Pinède/L'Olivier
64. CZ Plage d'Argent

Île de Port-Cros
65. DZ Hostellerie Provençale

Île du Levant
66. DZ La Palmeraie

Toulon
67. BZ L'Escale
68. BX La Fabbrica di Marco
69. AX La Feuille de Chou
70. BZ Le Cannier
71. BZ Tables et Comptoir

Culture et divertissement ♦

Toulon
72. AX Opéra de Toulon

Logement ▲

Hyères-les-Palmiers
73. CZ La Reine Jane
74. CZ Le Provençal

Île de Porquerolles
75. CZ Auberge des Glycines
76. CZ Hôtel et Résidence Les Mèdes

Île de Port-Cros
77. DZ Le Manoir

Toulon
78. BX Grand Hôtel Dauphiné
79. BZ Grand Hôtel des Sablettes-Plage
80. BZ Hôtel George Sand

Sanary-sur-Mer
81. AZ Hôtel Bon Abri

Bandol
82. AY Hostellerie Bérard & Spa
83. AY Hôtel Bel Ombra

Sanctuaire Notre-Dame des Anges [2]

L'ancienne chapelle, dont les origines remontent à 517, a été entièrement refaite au XIXe s. Les frères franciscains de l'Immaculée s'y sont installés en 2001. Le sanctuaire s'ouvre sur un panorama époustouflant.

Continuez en direction de Pignans, puis suivez la D97 vers Carnoules.

Village des Tortues [3]

adultes 12€, enfants 7€; mi-mars à mi-oct tlj 9h à 19h, mi-oct à mi-nov tlj 9h30 à 17h, mi-nov à mi-mars mer, sam et dim 9h30 à 17h; entre Pignans et Carnoules, 04.89.29.14.10, www.villagedestortues.fr

Abbaye du Thoronet.

Le Village des Tortues a été créé au pied du massif des Maures pour assurer la survie de la tortue d'Hermann, le reptile le plus menacé en France. Une belle façon de soutenir la protection de cette espèce vieille de 50 millions d'années, grâce aux actions menées par le parc animalier.

Empruntez la D97 vers l'est puis la D17 en direction du Thoronet.

Abbaye du Thoronet ★★★ [4]
8€; avr à sept lun-sam 10h à 18h30, dim 10h à 12h et 14h à 18h30, oct à mars lun-sam 10h à 13h et 14h à 17h, dim 10h à 12h et 14h à 17h; Le Thoronet, 04.94.60.43.90, http://le-thoronet.fr
Cachée par la verdure, cette abbaye cistercienne du XIIe s. s'avère un havre de recueillement. De son architecture épurée émanent une harmonie et une sérénité hors du commun. La visite commentée d'une heure est fortement recommandée pour en saisir les subtilités.

Activités *(voir carte p. 167)*

Randonnée pédestre

Menhirs du Plateau Lambert [42]
au départ de l'église Saint-Pons, Collobrières; durée 4h (aller-retour)
Plantés à 471 m d'altitude, ces deux menhirs datant de la fin du Néolithique ne sont accessibles qu'à pied. Une belle promenade en perspective, pendant laquelle vous pourrez également admirer la souche d'un châtaignier millénaire de près de 9 m de circonférence!

Sentier botanique [43]
au départ de l'église Saint-Pons, Collobrières
Balisé en blanc et rouge puis en vert, le Sentier botanique (2,9 km; environ

Le Lavandou.

1h15 de marche) vous entraîne à la découverte de la flore du massif des Maures. Une fois arrivé au col du Pilon, vous pourrez redescendre vers le village ou poursuivre votre balade sur un autre sentier (balises bleues). Prévoyez alors 2h30 de marche.

Achats *(voir carte p. 167)*

Alimentation

Confiserie Azuréenne [57]
tlj 9h30 à 12h30 et 14h à 18h30 (13h30 à 19h30 en été); bd Koenig, Collobrières, 04.94.48.07.20, www.confiserieazureenne.com
Mythique fabrique de marrons glacés et de crème de marrons, grandes spécialités des Maures. En été, savourez votre glace aux marrons glacés sur la terrasse.

Quittez le massif des Maures en suivant vers le sud les routes D17 et A57, puis les routes D98 et D559 vers l'est pour rejoindre Le Lavandou.

Le Lavandou

À voir, à faire

(voir carte p. 167)

La station balnéaire du **Lavandou ★★** s'étend à l'ombre du massif des Maures. Elle est connue pour le charme de ses ruelles piétonnes et pour les kilomètres de plages de sable fin qui lui ont valu le surnom de « Station aux 12 sables ».

Plages du Lavandou ★★ [5]
plages accessibles en voiture par la D559 ou à pied par le sentier du Littoral, www.ot-lelavandou.fr
De l'Anglade à Pramousquier, les plages de sable fin et les criques

Le long du littoral, dans le jardin du Domaine du Rayol.

cachées ou escarpées invitent au farniente. Nos préférées? Cavalière, pour sa grande anse piquée de pins, Aiguebelle, la plus chic, et la plage de l'Éléphant, la plus sauvage mais plus difficile d'accès. On rejoint à pied cette dernière depuis la magnifique plage de Jean Blanc, accessible par un escalier d'une centaine de marches.

Domaine du Rayol ★★★ [6]
12€; nov à mars tlj 9h30 à 17h30, avr à oct jusqu'à 18h30, juil et août jusqu'à 19h30; av. des Belges, Rayol-Canadel-sur-Mer, 12 km à l'est du Lavandou, 04.98.04.44.00, www.domainedurayol.org

Œuvre du paysagiste Gilles Clément, ce grand jardin est une ode à la végétation du monde: de l'Australie à la Californie en passant par l'Amérique subtropicale. Que vous choisissiez la visite guidée (gratuite) ou que vous y flâniez seul, comptez 2h pour faire le tour de ce bijou de nature. En été, sur inscription, vous pourrez également explorer le sentier marin *(30€ palmes, masque et tuba fournis, entrée au Domaine incluse)*.

Activités *(voir carte p. 167)*

Croisières

Vedettes Îles d'Or [45]
départs du quai des Îles d'Or, 04.94.71.01.02, http://vedettesilesdor.fr

Croisières commentées pour découvrir les 12 km de littoral du Lavandou.

Plongée sous-marine

Lavandou Plongée [44]
Nouveau Port, 8 av. du Capitaine Thorel, direction Cavalaire à la sortie de la ville, 04.94.71.83.65, www.lavandou-plongee.com

Partenaire du Parc national de Port-Cros, ce centre de plongée bénéficie d'une bonne réputation. Initiation à la plongée sous-marine dès 8 ans.

Cafés et restos

(voir carte p. 167)

L'Arbre au Soleil €€€€ [62]
juil et août tlj en soirée, sept à juin mar-sam midi et soir; port du Lavandou, 04.94.24.06.04, http://larbreausoleil.com
Le restaurant du chef primé Yorann Vandriessche propose une cuisine exceptionnelle dans un décor tout simple. Terrasse.

Revenez vos pas sur la D559 et prenez à droite la D41, qui vous mènera à Bormes-les Mimosas.

Bormes-les-Mimosas

À voir, à faire

(voir carte p. 167)

Bormes-les-Mimosas ★★ vous enchantera avec ses vieilles maisons coiffées de tuiles roses et étagées à flanc de colline, ses ruelles en pente, les vestiges de ses remparts, les imposantes ruines de son château et ses nombreuses placettes fleuries (à ne pas manquer: les places Lisclou d'Amour, Lou Poulid Cantoun et du Figuier). Vous ne cesserez d'être ébahi par la beauté des bougainvilliers et des glycines qui s'agrippent aux façades. C'est pourtant en hiver que la beauté de Bormes atteint son paroxysme quand les mimosas qui lui ont donné son nom resplendissent de jaune.

Chapelle Saint-François de Paule [7]
1 pl. St-François
Selon la légende locale, ce sont les prières de saint François de Paule qui auraient sauvé le village de la peste en 1481. Cette jolie chapelle de style roman provençal fut construite en son honneur. Depuis 1560, l'intérieur abrite un retable du XVIIe s. à la gloire du protecteur du village.

Musée Arts et Histoire [8]
entrée libre; oct à avr mar-ven 10h à 12h et 14h à 17h30, sam-dim 10h à 12h, mai, juin et sept mar-sam 10h à 12h30 et 14h à 18h, sam-dim 10h à 12h30, juil et août mar-dim 10h à 12h30 et 15h à 19h; 103 rue Carnot, 04.94.71.56.60
Installé dans un bâtiment du XVIIe s. restauré, il abrite des peintures des XIXe et XXe s., dont celles de Charles Bénézit, qui fut à l'origine du musée en 1926.

Fort de Brégançon ★ [9]
10€; début juil à mi-juil et fin août à début oct lun-ven visites guidées de 3h; 10 km au sud de Bormes-les-Mimosas par la D42A, stationnement payant au parc Capalo, réservations requises auprès de l'Office de Tourisme de Bormes-les-Mimosas: www.bormeslesmimosas.com
Installé sur un piton rocheux haut d'une trentaine de mètres, le site aurait été occupé par les Ligures avant d'être utilisé comme forteresse au Moyen Âge, puis comme fort royal à la Renaissance. Il sert

Bormes-les-Mimosas.

maintenant de résidence d'été aux présidents de la République française. C'est le général de Gaulle qui y a séjourné le premier en 1964 et Macron y reçut Poutine en 2019.

Activités (voir carte p. 167)

Randonnée pédestre

Cap Bénat [46]
Rejoignez le Cap Bénat en longeant le sentier du Littoral, qui part de la plage de La Favière. Cette randonnée de 7h (aller-retour) vous mènera aux premières loges des îles de Port-Cros et du Levant.

Revenez sur la D559, que vous suivrez vers l'ouest jusqu'à la D98. Poursuivez vers l'ouest jusqu'à Hyères.

Hyères

À voir, à faire

(voir carte p. 167)

La commune d'Hyères est très étendue puisqu'elle regroupe, outre son centre historique, un port (Port Saint-Pierre), une station balnéaire (Hyères-les-Palmiers) avec plusieurs plages, la presqu'île de Giens et les trois îles d'Hyères. C'est également sur son territoire que se trouve l'aéroport de Toulon-Hyères, le seul situé entre Nice et Marseille.

Si **Hyères-les-Palmiers** ★ connut la gloire pendant la seconde moitié du XIXe s., elle a perdu son statut mondain au profit de Cannes

Vieille ville d'Hyères.

et de Nice. On s'y rend aujourd'hui avant tout pour rejoindre les îles d'Hyères (voir plus loin) et la **presqu'île de Giens** ★★, dont le caractère sauvage séduit encore les amoureux de nature.

Vieille ville d'Hyères ★★ [10]

Ses passages couverts et ses maisons médiévales lui confèrent un charme indéniable. Ne manquez pas la **Tour des Templiers**, **place Massillon**, et grimpez jusqu'aux ruines du château situé sur la colline pour la vue admirable.

Villa Noailles ★ [11]

entrée libre; été: mer, jeu, sam et dim 14h à 19h, ven 16h à 22h, hiver: mer, jeu, sam et dim 13h à 18h, ven 15h à 20h; montée de Noailles, 04.98.08.01.98, https://villanoailles-hyeres.com

Les amateurs d'architecture des années 1930 peuvent visiter cette villa construite par le célèbre architecte Mallet-Stevens. Ses propriétaires, mécènes fortunés, y ont accueilli de nombreux artistes, parmi lesquels Man Ray, Giacometti, Buñuel et Cocteau. Centre d'art depuis 2003.

Plages de la presqu'île de Giens ★★

Dès que le vent d'ouest se lève, les plages de la presqu'île de Giens deviennent le paradis des véliplanchistes. Elles séduisent par leur caractère sauvage, que ce soit **la Bergerie** [12] sur le versant est ou **la Madrague** [13] et **l'Almanarre** [14], qui s'étire sur 5 km le long de

La Madrague, presqu'île de Giens.

l'ancienne « route du sel » sur le tombolo ouest.

Activités *(voir carte p. 167)*

Kitesurf

KiteSurf Passion [48]
tlj 8h à 18h; 52 av. du Général de Gaulle, Carqueiranne, 04.88.92.71.83, www.kitesurfpassion.com
Initiation au *kite* (surf cerf-volant), perfectionnement et location de matériel.

Ornithologie

Espace Nature des Salins d'Hyères [47]
5€; Levée de St-Nicolas, http://paca.lpo.fr
Observez des centaines d'espèces d'oiseaux et de plantes en compagnie d'un guide de la Ligue pour la Protection des Oiseaux. Calendrier de sorties ornithologiques disponible sur le site Internet de la LPO.

Plongée sous-marine

Hyères met de l'avant deux sentiers archéologiques sous-marins à explorer en compagnie d'un guide *(27€ incluant le prêt de palmes, masque, tuba et combinaison de plongée; juin à sept; inscriptions à l'Office de Tourisme d'Hyères : 04.94.01.84.50, www.hyeres-tourisme.com)*. L'un mène aux vestiges immergés d'Olbia, où l'on découvre le quai romain et l'épave d'une tartane (bateau utilisé pour la pêche et le cabotage). L'autre permet l'exploration d'une cargaison d'amphores immergées près de la Tour fondue, au bout de la presqu'île de Giens.

Achats (voir carte p. 167)

Alimentation

Côté Sud [58]

lun-sam 8h à 19h, aussi dim 8h à 13h en juil et août (fermé mar et dim le reste de l'année);
31 rue Massillon, 06.87.94.59.40,
www.facebook.com/laboutiquecotesud

Une caverne aux mille et une épices et gourmandises: anchoïade, tapenade ou caviar d'aubergine.

Logement (voir carte p. 167)

La Reine Jane €€ [73]

1 quai des Cormorans, port de l'Ayguade,
04.94.66.32.64, www.lareinejane.fr

La décoration de chacune des chambres du Reine Jane est signée par différents designers. Le bar installé sur son toit accueille les clients tous les soirs de l'été dès 19h et le restaurant propose un brunch du dimanche très couru par la population locale.

Le Provençal €€ [74]

113 pl. St-Pierre, 04.98.04.54.54,
www.provencalhotel.com

Situé sur la presqu'île de Giens, d'où partent les bateaux pour Porquerolles, cet hôtel compte une quarantaine de chambres décorées aux couleurs chaudes de la Méditerranée. Il comprend quelques restaurants et bars, dont La Rascasse, qui propose une gastronomie provençale dans une belle salle ou, en saison, sur la terrasse.

Île de Porquerolles.

Îles d'Hyères

À voir, à faire

(voir carte p. 167)

Selon une vieille légende locale, le prince Olbianus avait quatre filles aussi belles qu'intrépides. Nageuses exceptionnelles, elles n'hésitaient pas à se risquer loin des côtes. Mais un jour, hélas, alors qu'elles s'éloignaient du rivage, un navire de pirates les prit en chasse. Le père les supplia de revenir, en vain. Il se mit alors à genoux et implora les dieux d'épargner ses filles. Le ciel fut ému par sa prière et, au moment même où les malfaiteurs s'apprêtaient à les attraper, transforma le corps des princesses en pierre. Les trois sœurs les plus éloignées formèrent les îles d'Or, aujourd'hui appelées les

îles d'Hyères ★★★ : Porquerolles, Port-Cros et du Levant. Tandis que la plus jeune, qui tendait désespérément le bras à son père, devint celle qu'on nomma plus tard la presqu'île de Giens.

Île de Porquerolles ★★★

Depuis l'arrivée des Celtes il y a plus de 2 000 ans, Porquerolles – la plus étendue des îles d'Or avec ses 7 km de long et 2,5 km de large – a vu se succéder de nombreuses civilisations : Ligures, Phocéens, Grecs et Romains. À partir du XVIIe s., des forts sont érigés pour défendre l'île des pirates et surveiller la rade de Toulon. En 1912, François-Joseph Fournier, qui avait fait fortune dans les mines d'or et d'argent au Mexique, fait une halte à Porquerolles avec sa jeune épouse Sylvia. Ils succombent tellement aux charmes de l'île que François-Joseph l'achète pour l'offrir en cadeau de mariage à sa femme. Cédée à l'État à la condition qu'elle soit transformée en parc protégé, Porquerolles est intégrée en 1962 au **Parc national de Port-Cros** *(www.portcros-parcnational.fr)*, qui en protège les richesses naturelles et culturelles. Véritable réserve de biodiversité, le Conservatoire botanique national méditerranéen de Porquerolles a permis de constituer une banque de semences comptant à ce jour plus de 1 800 taxons de plantes rares et menacées. Un laboratoire de recherche à ciel ouvert. Magnifiquement préservée, l'île dévoile aux visiteurs un paysage varié et riche, composé de plaines agricoles, de domaines viticoles, de sentiers balisés à parcourir à pied ou à vélo, mais également de jolies criques et de superbes plages

Vue panoramique depuis le Fort Sainte-Agathe.

de sable fin où il fait bon se rafraîchir en été.

L'île étant protégée, il est interdit de fumer, de camper, de prélever des spécimens de flore ou de sortir des sentiers balisés.

On accède à Porquerolles par bateau depuis la gare maritime de la Tour Fondue, au bout de la presqu'île de Giens. La compagnie TLV-TVM assure des liaisons fréquentes (19,50€ aller-retour; 20 min de traversée; www.tlv-tvm.com).

Le village de Porquerolles ★★

Prenez le temps de flâner dans les ruelles colorées et fleuries de ce charmant village. Observez l'animation depuis la place d'Armes, admirez les façades coquettes ornées de cascades de bougainvilliers de la rue Sylvia Fournier, longez le ruisseau de la Garonne, rue de la Ferme, et remarquez l'alignement des anciens bâtiments agricoles dans le quartier qui faisait vivre l'île dans les années 1920.

Fort Sainte-Agathe ★★★ [15]

visites guidées sur réservation uniquement; mai à sept; 04.94.12.30.40

Des neuf forts que compte l'île, le Fort Sainte-Agathe est le plus ancien et le seul qu'on peut visiter. Construit en 1531 pour assurer la défense de l'île, il présente une exposition sur le Parc national de Port-Cros, ainsi que quelques pièces d'archéologie sous-marine. Grimpez au sommet de la tour et laissez-vous éblouir par le panorama!

Moulin du Bonheur ★ [16]

Construit au XVIIIe s. à 200 m du Fort Sainte-Agathe, ce moulin à

Plage Notre-Dame.

vent provençal aurait été le lieu de rendez-vous privilégié des soldats avec les Porquerollaises, d'où son nom. Entièrement restauré en 2007 comme à l'origine grâce à une aquarelle datant de 1728, il est typique de la région avec ses 6 m de haut et de diamètre. Le moulin s'est remis à tourner en 2019 pour moudre du blé.

Jardins Emmanuel Lopez ★ [17]

entrée libre; 04.94.58.07.24

L'ancien jardin ornemental de la Villa Fournier a été réaménagé en jardins d'agrément et de détente, avec quelques centaines d'espèces économes en eau tant méditerranéennes qu'exotiques. Un parcours bucolique au calme, idéal pour familiariser les enfants avec les plantes locales.

Villa Carmignac ★★ [18]

15€, visites guidées 20€; avr à juin, sept et oct tlj 10h à 18h (dernière entrée à 16h30), juil et août tlj 9h30 à 19h (dernière entrée à 17h30); 04.65.65.25.50, www.fondationcarmignac.com

Ce fabuleux musée ouvert en 2018 possède la collection de plus de 300 œuvres amassée par l'homme d'affaires Édouard Carmignac. On y présente chaque année une exposition temporaire qui se visite pieds nus pour une expérience sensorielle complète. Vous pourrez toutefois vous rechausser pour la découverte du jardin, où sont disséminées de surprenantes sculptures.

Plages de Porquerolles ★★

À l'est du village, deux plages de sable blanc, idéales pour les familles, s'étirent sur 300 m le long des eaux cristallines peu profondes de cette partie de l'île: la **plage de la Courtade** [19] et la **plage Notre-Dame**

[20]. À l'ouest du village, vous trouverez la magnifique **plage d'Argent** [21], au sable blanc et fin. Sur une mince bande de terre à la pointe ouest de l'île se font face deux étendues sablonneuses: la **plage blanche du Langoustier** [22], côté nord, et la **plage noire du Langoustier** [23], côté sud.

On accède aux îles de Port-Cros et du Levant par bateau depuis la gare maritime du Lavandou avec la compagnie ***Vedettes Îles d'Or*** *(28€ aller-retour; 35 min de traversée; www.vedettesilesdor.fr) ou depuis Hyères avec la compagnie* ***TLV-TVM*** *(28,10€ aller-retour; 1h de traversée; www.tlv-tvm.com). Réservations conseillées.*

Île de Port-Cros ★★★

Longue de 4 km et large de 2,5 km, Port-Cros, la plus petite des îles d'Hyères et la plus sauvage, est réputée pour son parc national. On y va pour la pureté et la richesse de ses fonds marins, ou pour ses sentiers de randonnée escarpés avec vue sur la mer. Pas de sable blanc idyllique sur Port-Cros, mais trois plages agréables pour la baignade: la **plage du Sud** [24], la plus accessible et la plus fréquentée (30 min au sud-ouest du village), la **plage de la Palud** [25], à l'ombre des tamaris (40 min au nord), et la **plage de Port-Man** [26] (galets), la plus grande, la mieux protégée du mistral et aussi la plus éloignée (2h au nord-est).

Île de Port-Cros.

Fort de l'Estissac [27]

entrée libre; juin à sept tlj 10h30 à 12h30 et 14h à 17h; route des Forts

Des cinq forts que compte l'île, L'Estissac est le seul qu'on peut visiter. Exposition sur l'histoire de l'île, la biodiversité et le parc national.

Île du Levant ★

Située à 15 min en bateau de Port-Cros *(16€ aller-retour; www.vedettesilesdor.fr)*, l'île du Levant est presque entièrement occupée par la Marine nationale et elle est par conséquent en grande partie inaccessible. Seule une petite section essentiellement naturiste est ouverte au public. Si l'on reste vêtu au port et sur la place du village d'Héliopolis, le naturisme est libre partout, dans les chemins et les lieux d'hébergement. Il est même obligatoire sur le bord de mer.

Domaine des Arbousiers ★ [28]
Cette réserve naturelle de 20 ha permet notamment d'admirer les arbousiers, ces petits arbustes à l'écorce rougeâtre et aux fruits rouges qui embaument l'île.

Plage des Grottes [29]
Située à 600 m du port, c'est la seule plage de sable accessible de l'île. Naturisme obligatoire.

Activités *(voir carte p. 167)*

Île de Porquerolles

Plongée sous-marine

Porquerolles Plongée [50]
avr à nov 8h30 à 12h et 14h à 17h;
04.98.04.62.22, www.porquerolles-plongee.com
Sorties dans les eaux du Parc national de Port-Cros ou sur les épaves alentour, dont le *Donator* est la plus fameuse (elle est toutefois réservée aux plongeurs confirmés de niveau 3).

Randonnée pédestre et vélo

Porquerolles se découvre à pied ou à vélo. De nombreux loueurs vous proposeront des vélos en excellent état, dont l'entreprise **La Méduse** [49] *(vélo 16€/jour, vélo électrique 40€/jour; Carré du Port, 04.94.58.34.27, http://porquerolles-a-velo.fr).*

Voici un circuit facile que vous pouvez effectuer à pied (comptez 2h) ou à vélo pour découvrir Porquerolles. De la place d'Armes, épicentre du village, prenez la montée à droite de l'église Sainte-Anne en direction du Fort Sainte-Agathe. Admirez la vue époustouflante sur l'île avant de poursuivre vers le Moulin du Bonheur. Reprenez le chemin et tournez à droite à l'intersection en direction du Carrefour des Oliviers. Longez les vignes et le champ d'oliviers. Au carrefour, engagez-vous vers la droite sur la piste qui rejoint la plage d'Argent. Jetez-vous à l'eau, puis offrez-vous un bon repas au restaurant de la plage. Pour revenir vers le village, prenez le chemin du Langoustier.

Île de Port-Cros

Plongée-tuba

Sentier sous-marin [52]

mi-juin à mi-sept; départs de la plage de la Palud, sur la côte nord de l'île de Port-Cros, réservations à la Maison du Parc, près du débarcadère, 04.94.01.40.70

Sentier hors du commun balisé par le parc national. Dans une eau peu profonde (10 m maximum), muni d'un masque, de palmes et d'un tuba, vous vous laisserez guider par les jolis poissons ou les espèces végétales rares. N'hésitez pas à poser des questions au guide-plongeur qui se trouve sur place.

Randonnée pédestre

Sentier des Plantes [51]

S'il n'y avait qu'un circuit à choisir parmi les 30 km de sentiers de l'île de Port-Cros, ce serait celui-ci. Portez de bonnes chaussures et munissez-vous de la brochure proposée par la Maison du Parc pour suivre ce sentier haut perché qui vous mènera à la plage de La Palud, idéale pour se rafraîchir en été. Durée: 45 min; sportif.

Île du Levant

Randonnée pédestre

Sentier nature [53]

Ce sentier balisé parcourt le Domaine des Arbousiers depuis les hauteurs du village jusqu'au cirque de la Galère, puis du bord de mer jusqu'au port. Durée: 2h30.

Cafés et restos

(voir carte p. 167)

Île de Porquerolles

Plage d'Argent €€€ [64]

mi-avr à fin sept le midi, également juil et août mar, jeu et sam soir; plage d'Argent, 04.94.58.32.48, www.plage-dargent.com

Sympathique resto de plage dans un cadre idyllique. Vous pourrez y siroter un verre tout en étant allongé dans un espace de détente aux allures de guinguette bohème, ou manger à la terrasse face à la mer une salade Playa aux crevettes et saumon mariné, voire partager un poisson frais du jour. Pensez toutefois à réserver en été, car le lieu est très couru.

Le Mas du Langoustier €€€€ [63]

Pointe du Langoustier, 04.94.58.30.09, www.langoustier.com

Créé par Sylvia Fournier, cet hôtel emblématique de l'île est encore aujourd'hui la propriété des descendants du couple. Un mas de luxe au service impeccable, qui compte également deux terrains de tennis, une piscine et deux restaurants:

Plongée dans le Parc national de Port-Cros.

La Pinède pour la demi-pension et **L'Olivier**, un restaurant gastronomique étoilé aux combinaisons légères mais éclatantes de saveurs.

Île de Port-Cros

Hostellerie Provençale
€€-€€€ [65]
mi-avr à début oct tlj 11h à 22h; pl. de l'Embarcadère Port-Cros, 04.94.05.90.43, http://hostellerie-provencale.com

Ce petit bar aux allures de repaire de pirates est un havre exotique où l'on vient siroter un verre au soleil couchant et manger un poisson frais grillé.

Île du Levant

La Palmeraie €€ [66]
mai à sept tlj matin, midi et soir; ch. de l'Ayguade, Héliopolis, 04.94.05.90.85, http://palmeraie.chez.com

Certainement l'une des meilleures références sur l'île pour son excellente cuisine, ce resto niché entre les eucalyptus et les palmiers propose une carte agréable concoctée avec de bons produits.

Logement *(voir carte p. 167)*

Île de Porquerolles

Hôtel et Résidence Les Mèdes €€€-€€€€ [76]
2 rue de la Douane, 04.94.12.41.24, www.hotel-les-medes.fr

Deux formules d'hébergement: une hôtellerie traditionnelle et un service de résidence (séjour minimal de deux nuitées) donnant accès à une cuisinette, mais sans nettoyage quotidien. Chambres confortables et modernes. Petit déjeuner-buffet servi dans une véranda lumineuse.

Toulon.

Auberge des Glycines €€€€€ [75]
22 pl. d'Armes, 04.94.58.30.36, www.auberge-glycines.com

Cet hôtel de charme se trouve du côté de l'église, sur la place d'Armes. Chambres décorées avec goût dans un style provençal raffiné. Salles de bain modernes et bien équipées. Forfaits avantageux hors saison (*€€*).

Île de Port-Cros

Le Manoir €€€€ [77]
route du Barrage, Port-Cros, 04.94.05.90.52, www.hotel-lemanoirportcros.com

Au bout d'un petit chemin longeant la mer, vous atteindrez cette superbe bastide à l'abri des regards. Un lieu magique pour se connecter avec la nature, en suivant le rythme de la mer et des étoiles. Les 21 chambres confortables sont décorées avec une désuétude assumée. Demi-pension seulement.

Au départ d'Hyères, suivez les routes D98 et A57 vers l'ouest jusqu'à Toulon.

Toulon

À voir, à faire

(voir carte p. 167)

Blottie entre la plus belle rade d'Europe et le mont Faron, **Toulon** ★★ a longtemps été réduite à son rôle défensif illustré par la présence de la marine, qui a commencé à rétrocéder des terres et des installations, contribuant ainsi à la renaissance de la ville. Toulon a redécouvert et mis

en valeur son patrimoine architectural, ses ruelles médiévales, devenues piétonnes, et son coloré marché du cours Lafayette, chanté par Gilbert Bécaud, né ici.

Toulon s'étant refait une beauté et une réputation, le renouveau de la ville se poursuivra avec la réouverture des halles de Toulon, prévue pour 2020. Complètement rénové, le bâtiment de 1929 accueillera une vingtaine d'étals et son toit sera coiffé d'une terrasse. Le charme de Toulon tient également à ses quartiers balnéaires, notamment La Seyne-sur-Mer et Le Mourillon.

Vieux-Toulon ★★ [30]

La vieille ville de Toulon se découvre à pied. Parcourez-en les ruelles en cherchant ses 203 fontaines, dont la plus célèbre, la **Fontaine des Trois Dauphins** (1782), trône sur la place Puget.

De la place Puget, empruntez la rue Molière à droite puis le boulevard de Strasbourg, qui deviendra plus loin le boulevard Général Leclerc.

Musée d'Art de Toulon ★★ [31]

entrée libre; mar-dim 12h à 18h;
113 bd Général Leclerc, 04.94.36.81.01

Construit en 1887 et rénové en 2019, ce superbe édifice de style Renaissance abrite de nombreuses peintures de l'école provençale du XVIIe au XXe s. (Courdouan, Aiguier, Guigou) ainsi que la deuxième collection française d'art contemporain en importance (1960-1988), qui regroupe des artistes comme Buren, César ou Cartier-Bresson.

Pour rejoindre les hauteurs du mont Faron, rendez-vous à la gare du téléphérique.

Mont Faron ★★ [32]

téléphérique 7,80€ aller-retour; fév à nov tlj horaire variable, fermé lors de vents forts;
bd Amiral Vence, 04.94.92.68.25,
www.telepherique-faron.fr

Du haut de ses 584 m d'altitude, le mont Faron vous réserve une vue époustouflante sur Toulon et sa rade. Un magnifique parc boisé invite au calme et à la détente, et vous y trouverez des sentiers aménagés, des tables de pique-nique et des aires de jeux pour les enfants. Le mont Faron est aussi accessible en voiture.

Le Mourillon.

Zoo-Fauverie du Mont-Faron [33]

adultes 10€, enfants 6€ (billet combiné avec le téléphérique adultes 15€, enfants 10,50€); ven-lun et mer 10h à 17h30, fermé lors de fortes pluies; 04.94.88.07.89, http://zoo-toulon.fr

Pas un zoo comme les autres, mais plutôt un centre de reproduction de félins destiné à préserver des espèces en voie de disparition. Une occasion rare de se familiariser avec les panthères, léopards, guépards, tigres et autres jaguars.

Mémorial du débarquement et de la libération de Provence [34]

5€ (billet combiné avec le téléphérique 8€); avr à juin, sept et oct mer-lun 10h à 12h30 et 13h15 à 19h15, juil et août tlj 10h à 19h15, nov à mars mer-lun 10h à 12h30 et 13h15 à 17h15; Mont Faron, 04.94.88.08.09

On parle souvent du débarquement de Normandie, mais beaucoup moins de celui du 15 août 1944 en Provence, qui, pourtant, fut une telle réussite qu'il ne fallut aux troupes alliées que deux semaines pour libérer la région. Ce mémorial, inauguré par de Gaulle en 1964 et récemment rénové, le rappelle.

Rejoignez le quartier du Mourillon à l'est par l'avenue du Maréchal de Lattre de Tassigny (15 min en voiture).

Le Mourillon ★ [35]

Premier quartier historique de Toulon, le Mourillon est un village dans la ville, connu pour sa plage, sa fameuse rue commerçante (Lamalgue) et son petit marché. Ne manquez pas la Tour Royale (1514), qui protégeait le port tout en servant de prison, et le Fort Saint-Louis

Tamaris

Véritable curiosité située à une dizaine de kilomètres au sud-ouest du centre de Toulon, la station balnéaire de Tamaris a été fondée au XIXe s. par Marius Michel de Pierredon, dit Michel Pacha, à son retour de Turquie, où il avait fait fortune. Sur cette côte qui lui rappelait les rives du Bosphore, il bâtit de riches villas à l'architecture éclectique. Des célébrités, dont Gustave Eiffel, Camille Saint-Saëns, Auguste Renoir et les frères Lumière, ont séjourné dans ces belles villas à l'époque.

(1692), plus à l'ouest, qui défendait l'entrée de la Grande Rade.

Activités *(voir carte p. 167)*

Excursions en bateau

Les Bateliers de la rade [54]
14€; mai à sept tlj; quai de Cronstadt, 04.94.46.24.65, www.lesbateliersdelarade.com
Visites commentées d'une heure pour découvrir la rade en bateau.

Randonnée pédestre

Sentier du Littoral [55]
au départ de la plage du Mourillon
Le sentier du Littoral, qui mène à l'anse Méjean en passant par le Cap Brun, offre les plus belles vues sur la rade de Toulon. Certains tronçons sont plus ardus et il vaut mieux être averti et porter des chaussures adéquates – l'office de tourisme (voir p. 208) pourra vous renseigner sur les niveaux de difficulté des différents secteurs.

Achats *(voir carte p. 167)*

Alimentation

Le petit biscuitier [59]
mar-sam 10h à 19h30; 8 rue Pierre Sémard, 09.86.38.01.91, www.le-petit-biscuitier.com
On trouve dans cette sympathique biscuiterie des gourmandises sucrées et salées faites sur place à partir d'ingrédients frais, sans additifs ou agents de conservation, ainsi que des produits d'épicerie fine triés sur le volet.

Marché du cours Lafayette [60]
mar-dim 7h30 à 12h30; cours Lafayette
Un joli marché où les étals bien rangés et l'accent chantant des vendeurs donnent envie de croquer la Provence.

Vêtements et accessoires

Seagale [61]
lun-sam 10h à 18h; 24-B rue Pierre Sémard, 06.98.03.61.93, www.seagale.fr
Prononcer « cigale ». Bertrand et Mathieu, deux jeunes Toulonnais, ont commencé par concevoir des maillots de bain pour hommes en 2014 et ils ont élargi leur gamme aux vêtements sport de qualité pour hommes et femmes.

Cafés et restos

(voir carte p. 167)

La Fabbrica di Marco €€ [68]
mar-jeu 10h à 15h, ven-sam 10h à 15h et 20h à 22h; 27 rue Paul Lendrin, 04.94.62.99.95, www.lafabbricadimarco.com
Pizzaiolo diplômé, le Napolitain Marco Casolla concocte de belles et bonnes pizzas napolitaines à partir de produits de qualité, servies dans une ambiance décontractée. Petite terrasse.

La Feuille de Chou €€ [69]
lun-sam midi et soir; 15 rue de la Glacière, 04.94.62.09.26
Des plats simples jouant avec les saveurs méridionales, en plein cœur du Vieux-Toulon, sur une placette à l'ombre des oliviers. Très bon rapport qualité/prix.

Le Cannier €€ [70]
tlj midi et soir; 103 av. de la Jetée, La Seyne-sur-Mer, 04.94.94.82.96, www.lecannier.com
Ce sympathique restaurant, ouvert sur l'anse des Sablettes, propose une cuisine méditerranéenne colorée. On y met de l'avant les arrivages quotidiens de poissons et fruits de mer et une sélection de viandes, tous présentés dans des assiettes bien garnies.

L'Escale €€-€€€ [67]
juin à août tlj 10h à 23h, avr, mai, sept et oct dim-jeu 10h à 17h, ven-sam 10h à 17h et 19h à 23h30; 4 Sentier des Douaniers, 04.94.36.06.64
À l'est de la rade de Toulon, ce restaurant a les pieds dans l'eau de l'anse Méjean, une petite crique presque secrète à deux pas de la ville. On y sert une cuisine simple et sans prétention à base de produits frais et délicieux.

ULYSSE **Tables et Comptoir** €€€ [71]
lun-sam 20h à 22h; 3 bd Eugène Palletan, Le Mourillon, 04.94.10.83.29
Produits du terroir travaillés avec inventivité et passion. Belle adresse gastronomique dans le quartier du Mourillon. Carte des vins de grande qualité.

Culture et divertissement

(voir carte p. 167)

Opéra de Toulon [72]
bd de Strasbourg, 04.94.93.03.76, www.operadetoulon.fr
Ce très bel opéra, édifié en 1862 selon les plans de Charles Garnier, est réputé pour son acoustique. L'intérieur est richement décoré de peintures, de stucs et de bronzes de style Napoléon III.

Opéra de Toulon.

Logement *(voir carte p. 167)*

Hôtel George Sand €-€€ [80]

164 rue Georges Lahaye, La Seyne-sur-Mer, 04.94.94.87.87, http://hotel-restaurant-georgesand.fr

Situé directement sur la plage, ce petit établissement tout simple s'inspire de la personnalité de George Sand, qui a séjourné dans la région en 1861. Les chambres proprettes, qui racontent chacune un aspect de la vie ou de l'œuvre de la romancière, ont toutes vue sur la mer. Quelques-unes sont dotées d'une terrasse avec bain à remous.

Grand Hôtel Dauphiné €€ [78]

10 rue Berthelot, 04.94.92.20.28, http://grandhoteldauphine.com

Cet hôtel-boutique urbain d'une cinquantaine de chambres présente un décor agrémenté d'œuvres d'artistes locaux, témoins de son enracinement dans la ville depuis plus de 30 ans. Ses chambres sont simples mais confortables et l'hôtel compte une piscine avec vue et un bar sur le toit. Stationnement payant sécurisé à proximité.

Grand Hôtel des Sablettes-Plage €€€€ [79]

575 av. Charles de Gaulle, La Seyne-sur-Mer, 04.94.17.00.00, http://ghsplage.fr

Ce bel hôtel griffé Curio Collection par Hilton a rouvert en 2017 après 50 ans d'oubli. Niché dans un édifice datant du XIXe s., il a retrouvé sa superbe. Ses espaces communs et ses 75 chambres sont décorés d'objets originaux que les clients peuvent se procurer. Spa, plage privée, restaurant gastronomique et brasserie.

Dirigez-vous vers l'ouest par les routes D50, D26 puis D11 pour vous rendre à Sanary-sur-Mer.

Sanary-sur-Mer.

Sanary-sur-Mer

À voir, à faire

(voir carte p. 167)

La station balnéaire de **Sanary-sur-Mer** ★ n'est pas dépourvue de charme: 8 km de littoral avec de belles plages de sable fin ou de galets. De plus, autour du port se trouvent quelques beaux bâtiments anciens. Remarquez notamment la **chapelle Notre-Dame de Pitié** [36], qui date du XVIe s. et qui domine le port, offrant ainsi un joli panorama sur la baie.

Parc animalier et botanique de Sanary-sur-Mer ★★ [37]

adultes 12€, enfants 9€; tlj 9h30 à 19h; 211 av. du Pont d'Aran, de l'autre côté de l'autoroute A50, 04.94.29.40.38, www.zoaparc.com

Les perroquets, grues et flamants rouges se mêlent aux singes, tortues géantes et suricates dans ce zoo où les paons multicolores se promènent librement. La mini-ferme, avec ses chèvres naines du Sénégal, ses alpagas et ses ânes, amusera les tout-petits, pendant que les adultes s'émerveilleront devant la richesse du jardin exotique.

Île des Embiez ★★★ [38]

traversée aller-retour 17€ accessible en traversier depuis le port de Sanary-sur-Mer en juil et août, et depuis le port de Six-Fours-les-Plages (à 6 km par la D559) le reste de l'année; www.les-embiez.com

Cette charmante petite île, longue d'à peine 1,5 km, fut rachetée en 1958 par Paul Ricard, fondateur de la célèbre société Pernod-Ricard. Son cadre idyllique invite aux promenades. Suivez les sentiers fleuris ou la côte sauvage découpée d'adorables

Île des Embiez.

petites calanques ou montez à bord du Petit Train touristique qui vous guidera sur l'île.

Institut océanique Paul Ricard ★★ [33]
adultes 5€, enfants 2,50€; tlj 10h à 12h30 et 13h30 à 17h30; Fort St-Pierre, île des Embiez, 04.94.34.02.49, www.institut-paul-ricard.org
Le Fort Saint-Pierre de l'île d'Embiez abrite un institut océanographique dont le but est de sensibiliser le grand public à la nécessité de protéger la mer et ses fonds. Musée avec conférences et projection de films, aquarium et ateliers pour enfants.

Logement *(voir carte p. 167)*

Hôtel Bon Abri €-€€ [81]
94 av. des Poilus, 04.94.74.02.81, www.sanary-hotel-bon-abri.com
Charmant petit hôtel niché dans une rue calme. Bien tenu, il vous assurera de tout le repos désiré sans vous éloigner du centre des activités puisque les plages ne sont qu'à 100 m. Enfin, il est très agréable d'y prendre ses repas dans le jardin ombragé.

Poursuivez vers l'ouest par la D559 jusqu'à Bandol.

Bandol

À voir, à faire

(voir carte p. 167)

L'histoire de **Bandol** ★ débute véritablement sous Henri IV, en 1594, lorsque le roi érige un fort en face de l'**île de Bendor**. Puis, au XIXe s., le village tirera sa notoriété des nom-

Les grands vins de Bandol

Avant que les crus des Côtes de Provence ne prennent du galon, les vins de Bandol étaient les seuls qui avaient une bonne réputation dans le sud de la France. Deux grands domaines méritent vraiment une visite:

Domaine Tempier

Situé à quelques minutes de Bandol sur la route du Castellet, ce domaine jouit d'une excellente renommée et appartient à la même famille depuis 1834. Dégustations et boutique sur place *(lun-ven 9h à 12h et 14h à 18h; 1082 ch. des Fanges, Le Castellet, 04.94.98.70.21, www.domainetempier.com).*

Château de Pibarnon

Il faut suivre une petite route sinueuse sur plusieurs kilomètres avant de rejoindre le château et son site admirable qui offre une vue magnifique sur la campagne varoise. Salle des ventes et caveau de dégustation dans de splendides caves voûtées. Les vins de Pibarnon sont à la hauteur de leur réputation internationale *(lun-sam 9h à 12h et 14h à 18h; 410 ch. de la Croix des Signaux, La Cadière-d'Azur, 04.94.90.12.73, www.pibarnon.com).*

breux tonneliers qui produisent le fameux vin de Bandol.

Devenue depuis une station balnéaire familiale, Bandol a tout de même préservé la jolie **église Saint-François-de-Sales** [39], construite au milieu du XVIIIe s. En remontant l'allée Alfred Vivien, vous bénéficierez également d'une très belle vue sur l'**anse de Renécros** [40], une petite baie située de l'autre côté du port, dont la plage invite au farniente.

Île de Bendor ★ [41]

traversée aller-retour 16€ depuis le port de Bandol; 04.94.05.90.90, www.bendor.com

Rachetée en 1950 par Paul Ricard, l'île de Bendor est devenue un grand jardin parsemé de maisons multicolores et de quelques hôtels superbes, qui ont au fil du temps un peu pâli. Bien que très construite,

Île de Bendor.

l'île compte quelques belles plages, certaines sablonneuses, d'autres rocheuses, qui permettent la pratique de toutes les activités nautiques.

Activités *(voir carte p. 167)*

Plongée sous-marine

Centre International de Plongée de Bendor [56]
à partir de 50€; mars à nov tlj 9h à 18h; île de Bendor, 04.94.29.55.12, http://plongee-cip-bandol.fr
Initiations, plongées autour de l'île de Bendor, sorties de nuit. Baptême pour enfants, à partir de 8 ans.

Logement *(voir carte p. 167)*

Hôtel Bel Ombra €-€€ [83]
début avr à mi-oct; 32 rue de la Fontaine; 04.94.29.40.90, www.hotelbelombra.fr
Situé dans un petit quartier résidentiel tranquille à proximité du centre de Bandol et de la magnifique anse de Renécros, ce petit hôtel saura vous charmer par sa simplicité et sa propreté étincelante. Petit déjeuner servi dans le jardin et restaurant en été.

Hostellerie Bérard & Spa €€€ [82]
fév à déc; 7 rue Gabriel Péri, La Cadière-d'Azur, à 10 km de Bandol par la A50; 04.94.90.11.43, www.hotel-berard.com
Ancien couvent du XIe s. transformé en un lieu presque magique, avec deux restaurants et un spa. Certaines chambres, décorées avec finesse, donnent sur un petit jardin adorable avec piscine, mais nos préférées se trouvent à la bastide, où ont lieu des ateliers de cuisine provençale.

Saint-Paul-de-Vence.

nice et la côte d'azur

pratique

Aéroport Nice Côte d'Azur.

Les formalités

Passeport et visa

Pour entrer en France, les citoyens des pays membres de l'Union européenne ou de la Suisse doivent présenter une carte nationale d'identité en cours de validité. Dans le cas d'autres pays tels que le Canada ou les États-Unis, un passeport valide pour au moins trois mois à partir de la date de retour prévue suffit pour entrer et aucun visa n'est requis pour un séjour de moins de 90 jours. À partir de 2021, une autorisation préalable de voyager (ETIAS) devra être demandée; elle devrait coûter 7€ et être valable durant 3 ans. Tous les voyageurs, sauf les résidents des pays membres de l'Union européenne et de la Suisse, doivent détenir un billet de retour ou de continuation de voyage, une assurance voyage et justifier des ressources financières couvrant la durée du séjour. Ces formalités pouvant être modifiées sans préavis, il convient de s'informer auprès de l'ambassade ou du consulat de France avant votre départ.

L'arrivée

Par avion

L'**aéroport Nice Côte d'Azur** *(www.nice.aeroport.fr)* est situé à environ 7 km du centre-ville de Nice. **Air Transat** *(www.airtransat.ca)* assure la liaison Montréal-Nice en vol direct, à raison de trois vols par semaine, de début mai à fin septembre. **Air Canada** *(www.aircanada.com)* assure la liaison directe quatre fois par semaine depuis Montréal de début juin à mi-octobre.

Vous pouvez également rejoindre l'aéroport de Nice depuis plusieurs villes françaises ou européennes, que ce soit sur les lignes régulières d'**Air France** *(www.airfrance.fr)* ou avec des compagnies à bas prix comme **EasyJet** *(www.easyjet.com)*.

Outre les **taxis Riviera** *(04.93.13.78.78)*, la ligne 2 du **tramway** de la société **Lignes d'Azur** *(1,50€; www.lignesdazur.com)* relie la station Jean Médecin au centre-ville de Nice en 25 min.

L'**aéroport Toulon-Hyères** *(www.toulon-hyeres.aeroport.fr)*, situé à Hyères, assure plusieurs liaisons régulières avec les villes françaises et européennes, que ce soit sur les ailes d'**Air France** *(www.airfrance.fr)* ou des compagnies à bas prix comme **Transavia** *(www.transavia.com)*. Des **navettes** du réseau **Mistral** *(1,40€; www.reseaumistral.com)* mènent à Hyères en une dizaine de minutes et à Toulon en environ 30 min, alors que les bus de **Var Lib** *(3€; www.varlib.fr)* desservent Saint-Tropez en environ 1h30.

L'**aéroport Marseille Provence** *(www.marseille.aeroport.fr)*, également desservi directement par Air Transat, Air Canada Rouge et Air France, est relié par bus à la gare Saint-Charles en 25 min, d'où partent les trains pour les villes de la Côte d'Azur.

Par train

De Belgique

De la gare Bruxelles-Midi, le **TGV Bruxelles-France** de la **SNCF** *(https://be.oui.sncf)* dessert les gares de Nice (durée environ 8h15), Toulon (environ 6h30), Cannes (environ 7h30), Antibes (environ 8h) et Saint-Raphaël (environ 7h15).

De Suisse

Les trains de la **SNCF** *(https://ch.oui.sncf)* relient Genève à Nice (avec correspondance à Lyon) en environ 7h.

De France

Les trains de la **Société nationale de chemins de fer français (SNCF)** *(https://oui.sncf)* desservent Nice à partir de nombreuses villes de France, dont Paris en moins de 6h, plusieurs fois par jour.

Rail Europe

Rail Europe *(www.raileurope.ca)* propose des laissez-passer ferroviaires qui vous permettent de faire un nombre illimité de déplacements pendant un temps donné. Intéressant uniquement si vous prévoyez de nombreux déplacements.

Grande Corniche.

Par voiture

Si vous arrivez ou partez en voiture, sachez que certaines autoroutes sont payantes en France. Consultez le site Internet *www.autoroutes.fr* pour connaître les tarifs selon votre itinéraire. Le trajet Aix-en-Provence–Menton, par exemple, vous coûtera 22€; celui entre Aix-en-Provence et Toulon 8,20€.

Les déplacements

En voiture

Le réseau routier de la Côte d'Azur permet d'atteindre la majorité des points d'intérêt. La circulation peut être très dense en haute saison. Il peut également être difficile, voire impossible, de pénétrer dans certains villages avec une voiture familiale à cause de l'étroitesse des rues. Toujours onéreux, le stationnement peut aussi y être problématique.

On distingue les autoroutes, les routes nationales, à plusieurs voies la plupart du temps, et les routes départementales, plus étroites et ne comptant qu'une voie dans chaque direction.

«La Provençale» est le surnom donné à l'autoroute A8, l'axe principal qui relie Aix-en-Provence à Menton, et plus loin jusqu'à la frontière italienne. Pour sa part, la D6098 longe presque toujours le littoral. Elle recoupe un tronçon de l'antique Via Aurelia entre Villeneuve-Lou-

Tableau des distances

	Tende	**Saint-Tropez**	Paris	Nice	**Monaco**	Menton	Marseille	Grasse	Cannes
Toulon	230	70	837	150	171	180	67	135	124
Tende		193	913	79	66	55	287	123	114
Saint-Tropez			875	112	**133**	142	144	97	86
Paris				932	954	962	775	918	906
Nice					21	30	207	43	49
Monaco						10	228	64	55
Menton							237	73	64
Marseille								190	179
Grasse									19

Exemple: la distance entre **Monaco** et **Saint-Tropez** est de 133 km.

bet et Antibes. La D7 relie Grasse à Saint-Paul-de-Vence.

Quelques conseils

Il importe que les Nord-Américains sachent qu'aux intersections où les panneaux d'arrêt sont absents, la priorité est donnée aux voitures qui viennent de la droite, peu importe quelle voiture est arrivée en premier. À l'entrée d'un rond-point, les voitures qui s'y sont déjà engagées ont toujours priorité.

L'usage du téléphone portable au volant est strictement interdit.

En comparaison des normes nord-américaines, l'essence coûte cher en France. La facture qu'on vous présentera après que vous aurez fait le plein la première fois vous fera à coup sûr sursauter...

Location de voitures

Toutes les entreprises internationales de location de voitures proposent leurs services sur la Côte d'Azur, la plupart étant d'ailleurs représentées à l'aéroport ou aux principales gares.

Pour louer une voiture, vous devrez disposer d'un permis européen valide ou bien d'un permis rédigé en français (ou accompagné de sa traduction), sinon il vous faudra un permis international. Notez qu'on exige que le permis ait été délivré depuis plus d'un an et que vous devez être âgé de 21 ans et plus.

En transports en commun interurbains

Le réseau de transport en commun interurbain sur la Côte d'Azur comporte deux éléments: les autocars et les trains régionaux (TER).

Afin de planifier vos déplacements dans la région, consultez le site *www.sudmobilite.fr*.

Autocar

Le réseau d'autocars **Lignes d'Azur** *(www.lignesdazur.com)* a été mis en place dans le département des Alpes-Maritimes pour relier quelque 1 800 points d'arrêts allant de Nice à Menton, en passant par l'arrière-pays, pour la modique somme de 1,50€ par trajet.

Le Var, autre département de la Côte d'Azur qui s'étend de Saint-Raphaël à Toulon en passant par Saint-Tropez, a mis en place le réseau **Var Lib** *(www.varlib.fr)*, qui couvre tout le département et un peu au-delà (Aix, Marseille, Cannes). Comptez de 3€ à 20€ selon les destinations.

Dans les deux cas, pensez à faire signe au conducteur lorsque vous le voyez s'approcher de l'arrêt. Possibilité de payer à bord (préparez votre monnaie).

Trains régionaux (TER)

Le réseau TER de la **SNCF** *(www.ter.sncf.com/sud-provence-alpes-cote-d-azur)* dessert les principales villes du littoral, de Marseille à la frontière italienne (Vintimille). Achat des billets aux bornes automatiques des gares ou aux guichets. Comptez de 1,50€ à 40€ selon les destinations. Les trains sont fréquents et le transport ferroviaire se révèle efficace. Voyager en train permet de profiter de jolis panoramas et d'arriver en plein centre-ville sans souci.

En covoiturage

De plus en plus d'Azuréens, et plus particulièrement les jeunes, utilisent la plateforme Internet **BlaBlaCar** *(www.blablacar.fr)*, qui met en relation des automobilistes et des passagers pour partager les frais de déplacement. Tout paiement se fait par l'intermédiaire de la plateforme, qui sécurise ainsi les échanges.

En transport maritime

Des navettes maritimes font la liaison entre de nombreuses villes de la Côte d'Azur, ce qui permet d'éviter la circulation routière, très dense en haute saison, notamment aux alentours de Saint-Tropez. Qui plus est, il s'agit là d'une manière différente de découvrir la Côte d'Azur. La compagnie maritime **Trans Côte d'Azur** *(15€ à 67€ aller-retour selon les destinations; www.trans-cote-azur.com)* propose des navettes au départ de Nice et de Cannes vers Monaco, Saint-Tropez et les îles de Lérins.

La compagnie maritime **Bateaux Verts** *(13,90€ à 55,10€ aller-retour selon les destinations; www.*

Bateaux Verts.

bateauxverts.com) propose un service de navettes régulières reliant Saint-Tropez, Sainte-Maxime, Cogolin, Port-Grimaud et Les Issambres, et elle organise des excursions à la journée pour faire découvrir les îles de Lérins, les îles d'Hyères, les calanques de l'Estérel ou Cannes.

Se déplacer en ville

En voiture

Circuler dans certaines villes comme Nice, Toulon, Cannes, Antibes ou Saint-Tropez peut vite relever du casse-tête en raison de leurs rues congestionnées, de la conduite locale assez nerveuse, de la difficulté de trouver un stationnement dans la rue et des risques de vols dans les voitures. Il est préférable de laisser sa voiture dans les stationnements payants, malgré leur prix élevé (au moins 20€ pour la journée à Nice ou Cannes, par exemple).

En transports en commun

À Nice, le réseau **Lignes d'Azur** *(1,50€ par trajet, laissez-passer 24h pour 5€; www.lignesdazur.com)* comprend des lignes d'autobus en service de 6h à 21h, cinq Noctambus (21h10 à 1h10 au départ de la Promenade des Arts, place Masséna) et des tramways, dont une ligne qui mène du centre-ville à l'aéroport (4h25 à 1h35).

À Toulon, c'est le réseau **Mistral** *(1,40€ par trajet en bus, 2€ en bateau-bus, 3,90€ pour un laissez-passer d'une journée; www.reseaumistral.com)* qui assure les liaisons urbaines internes ainsi qu'entre quelques villages alentour en bus ou en bateau-bus.

À Cannes, le réseau **Palm Bus** *(1,50€ par trajet ou 11€ pour un laissez-passer d'une semaine; www.palmbus.fr)* dessert toute la ville ainsi que ses voisines Le Cannet, Mougins, Mouans-Sartoux, Mandelieu et Théoule-sur-Mer.

À vélo

Vélo Bleu *(04.93.72.06.06, www.velobleu.org)* propose des vélos en libre-service à Nice et dans sa région métropolitaine, incluant Saint-Laurent-du-Var et Cagnes-sur-Mer. Il existe 175 stations de vélos réparties sur ce territoire (dont 17 à Cagnes-sur-Mer), où on peut louer un des 1 750 vélos disponibles.

Très pratique pour de courts trajets et peu cher, le Vélo Bleu est une bonne option pour découvrir la ville de Nice. La première demi-heure est gratuite, et vous pouvez en louer un pour la journée *(1,50€)* ou la semaine *(5€)*. Attention toutefois à privilégier les pistes cyclables, car la conduite automobile à Nice est dangereuse. Pour louer un Vélo Bleu, vous devez être en possession d'une carte bancaire ou de crédit à puce. Vérifiez toujours l'état du vélo avant de le retirer de la borne.

À pied

La plupart des villages médiévaux qui font tout le charme de la Côte d'Azur se visitent à pied. C'est en déambulant dans leurs ruelles sinueuses et fleuries que vous vous imprégnerez le mieux de l'âme des lieux. Prévoyez de bonnes chaussures.

Bon à savoir

Achats

Les soldes s'étendent sur deux périodes de cinq semaines: ils débutent vers le 10 janvier et vers le 20 juin.

Argent et services financiers

Monnaie

L'unité monétaire de la France est l'euro (€). Il se présente sous la forme de huit pièces (1, 2, 5, 10, 20 et 50 centimes d'euro, ainsi que 1 et 2 euros) et de sept billets (5, 10, 20, 50, 100, 200 et 500 euros). **Tous les prix mentionnés dans le présent ouvrage sont en euros.**

Banques

Les banques sont généralement ouvertes du lundi au vendredi, de 9h à midi et de 13h30 à 17h30.

Le meilleur moyen de retirer de l'argent consiste à utiliser sa carte bancaire (carte de guichet automatique). Votre banque pourrait vous facturer des frais fixes pour chaque retrait, aussi vaut-il mieux éviter de retirer trop souvent de petites sommes.

Consultez nos conseils sur le change: *www.guidesulysse.com/destinations/Taux_de_change.aspx*.

Cartes de crédit

Les plus importantes cartes de crédit sont acceptées un peu partout, sauf dans des établissements plus modestes, certains gîtes, tables d'hôte et même restaurants. Il convient donc de ne rien tenir pour acquis et de s'informer au préalable.

Taux de change

1€	=	1,46$CA
1€	=	1,10CHF
1€	=	1,11$US
1$CA	=	0,068€
1CHF	=	0,91€
1$US	=	0,90€

N.B. Les taux de change peuvent fluctuer en tout temps.

Moyennes des températures et des précipitations à Nice

	Max. (°C)	Min. (°C)	Précipitations (mm)	Jours de précipitations	Heures d'ensoleillement par jour
Janvier	13,1	5,3	69	5,8	5
Février	13,4	5,9	45	4,7	6
Mars	15,2	7,9	39	4,6	7
Avril	17	10,2	69	7,1	7
Mai	20,7	14,1	45	5,2	9
Juin	24,3	17,5	34	3,8	10
Juillet	27,3	20,3	12	1,8	11
Août	27,7	20,5	18	2,4	10
Septembre	24,6	17,3	73	4,9	8
Octobre	21	13,7	133	7,2	6
Novembre	16,6	9,2	104	7,2	5
Décembre	13,8	6,3	93	6,4	4

Source : Météo France

Climat

La Côte d'Azur bénéficie d'un climat méditerranéen, caractérisé par un été sec et chaud, des précipitations peu abondantes (environ 61 jours de pluie par année) et donc beaucoup de soleil.

Le mercure peut atteindre 35°C l'été, bien qu'il gravite plutôt autour de 28°C. La chaleur n'est jamais excessive sur la côte, puisque des brises régulières provenant de la mer viennent tempérer le climat. L'hiver, le climat s'avère doux sur la côte et le mercure descend rarement au-dessous de 10°C. Février et mars sont trop froids pour la baignade, mais les températures atteignent généralement 13°C à 15°C le jour et il ne pleut que cinq jours par mois. Ce sont donc des

Cannes.

mois idéals pour fuir la rigueur des hivers nordiques, visiter les sites touristiques sans l'afflux estival et bénéficier de meilleurs tarifs pour l'hébergement.

La présence de vigoureux reliefs conduit à une lente dégradation climatique, manifeste au niveau des températures (gel) et des précipitations (quantités et régimes de pluie), au fur et à mesure que l'on s'éloigne du littoral en direction de la haute montagne, siège d'un climat montagnard à nuances méditerranéennes. Le climat de la côte diffère déjà sensiblement de celui de l'arrière-pays proche. Il peut souvent faire soleil sur la côte, alors qu'une dizaine de kilomètres plus loin, on vit sous les nuages, le brouillard ou la pluie.

Décalage horaire

La France a un décalage de six heures par rapport au Québec. Quand il est midi à Montréal, il est 18h à Nice. La France effectue un passage à l'heure avancée d'été (+1h) le dernier dimanche de mars (comme les autres pays européens) et retourne à l'heure normale le dernier dimanche d'octobre.

Électricité

Les prises électriques sont à deux branches rondes et fonctionnent à une tension de 230 volts (50 cycles). Les voyageurs nord-américains doivent se munir d'un adaptateur et même, dans certains cas (fer à friser par exemple), d'un convertisseur pour brancher leurs appareils.

Hébergement

La Côte d'Azur est la région de France la plus visitée après Paris. On y trouve donc un nombre impressionnant de chambres d'hôtel, de chambres d'hôtes, de campings et d'appartements en location de courte durée (voir ci-dessous). Les mois de juillet et, surtout, d'août constituent des périodes de fort achalandage; il s'agit de la haute saison, durant laquelle il peut être plus compliqué de trouver un hébergement. Les prix varient en fonction de la catégorie et de la saison, mais la Côte d'Azur est une destination plutôt chère: une chambre double standard dans un hôtel bien tenu et bien situé coûte en moyenne 180€ en haute saison. Si vous souhaitez trouver des logements moins chers, nous vous recommandons de quitter le littoral et de vous diriger vers l'arrière-pays.

Consultez nos conseils sur l'hébergement touristique au *www.guidesulysse.com/hebergement*.

Location d'appartements

Divers sites Internet spécialisés tels que *www.airbnb.com* et *www.homeaway.com* permettent d'entrer en contact avec des particuliers proposant une chambre ou un appartement en location courte durée. Il importe de demeurer vigilant, notamment en vérifiant les commentaires laissés par d'autres locataires.

Prix

L'échelle utilisée dans ce guide donne des indications de prix en vigueur durant la haute saison pour une chambre double standard.

€	moins de 75€
€€	75€ à 100€
€€€	101€ à 150€
€€€€	151€ à 250€
€€€€€	plus de 250€

Heures d'ouverture

Les commerces sont généralement ouverts du lundi au samedi, de 10h à 20h. Les magasins d'alimentation ouvrent un peu plus tôt et sont souvent ouverts le dimanche matin mais fermés le lundi. Les supermarchés et les centres commerciaux sont souvent fermés le dimanche. De nombreux commerces et musées ferment entre midi et 14h, voire 15h.

Jours fériés

Voici la liste des jours fériés en France pendant lesquels la plupart des magasins, services administratifs et banques sont fermés.

Jour de l'An
1er janvier

Lundi de Pâques
variable (mars ou avril)

Fête du Travail
1er mai

Victoire du 8 mai 1945
8 mai

Noël sur la place Masséna à Nice.

Ascension
jeudi de la cinquième semaine après Pâques

Lundi de Pentecôte
lendemain du septième dimanche après Pâques

Fête nationale
14 juillet

Assomption
15 août

Toussaint
1er novembre

Armistice de 1918
11 novembre

Noël
25 décembre

Pourboire

Le pourboire est inclus dans l'addition au restaurant, ainsi que dans les bars et les boîtes de nuit. Si vous êtes satisfait du service, vous pouvez laisser une pièce, mais il n'est pas obligatoire de le faire.

Presse écrite

Les kiosques à journaux offrent un grand choix de titres. Le grand quotidien de référence est ***Le Monde*** *(www.lemonde.fr)*, dont l'édition du jour, disponible sur les coups de midi, est datée du lendemain. D'autres quotidiens présentent des informations de qualité, entre autres ***Libération*** *(www.liberation.fr)* et ***Le Figaro*** *(www.lefigaro.fr)*. La presse hebdomadaire est disponible en kiosque dès le mercredi.

Les principaux quotidiens traitant de l'actualité régionale de la Côte d'Azur sont ***Nice Matin*** *(www.nicematin.com)* et ***Var-Matin*** *(www.varmatin.com)*, qui font partie du même groupe de presse.

Renseignements touristiques

Le **Comité Régional du Tourisme** a créé un portail permettant de répertorier de nombreuses informations pratiques pour l'élaboration de votre voyage: *www.cotedazur-tourisme.com*. Vous trouverez également un office de tourisme dans presque toutes les villes de la Côte d'Azur, et même dans certains villages. Chacun propose de nombreux services aux visiteurs de passage: visites guidées, vente de billets de spectacle, de laissez-passer pour les musées ou encore de titres de transport. Il donne également les coordonnées de nombreux professionnels du tourisme: hôteliers, restaurateurs, transporteurs, pourvoyeurs d'activités nautiques ou loueurs de vélos ou d'embarcations. Voici les coordonnées des principaux offices de tourisme:

Antibes–Juan-les-Pins: 42 av. Robert Soleau, Antibes, 04.22.10.60.10; Palais des Congrès, 60 ch. des Sables, Juan-les-Pins, 04.22.10.60.01; www.antibesjuanlespins.com

Beaulieu-sur-Mer: pl. Georges Clemenceau, 04.93.01.02.21, www.otbeaulieusurmer.com

Cagnes-sur-Mer: 6 bd du Maréchal Juin, 04.93.20.61.64, www.cagnes-tourisme.com

Cannes: 1 bd de la Croisette, 04.92.99.84.22, www.cannes-destination.fr

Èze: pl. du Général de Gaulle, 04.93.41.26.00, www.eze-tourisme.com

Grasse: pl. de la Buanderie, 04.93.36.66.66, www.tourisme.paysdegrasse.fr

Hyères et ses îles: Rotonde du Park Hôtel, 16 av. de Belgique, Hyères, 04.94.01.84.50, www.hyeres-tourisme.com

Menton: 8 av. Boyer, 04.92.41.76.76, www.menton-riviera-merveilles.fr

Monaco: 2A bd des Moulins, (377) 92.16.61.16, www.visitmonaco.com

Nice: 5 Prom. des Anglais, 08.92.70.74.07, www.nicetourisme.com

Saint-Jean-Cap-Ferrat: 5 av. Denis Séméria, 04.93.76.08.90, www.saintjeancapferrat-tourisme.fr

Saint-Paul-de-Vence: 2 rue Grande, 04.93.32.86.95, www.saint-pauldevence.com

Saint-Tropez: 8 Quai Jean Jaurès, 08.92.68.48.28, www.sainttropeztourisme.com

Tende: 103 av. du 16 Septembre 1947, 04.93.04.73.71, www.tendemerveilles.com

Toulon: 12 pl. Louis Blanc, 04.94.18.53.00, www.toulontourisme.com

Tourrettes-sur-Loup: 2 pl. de la Libération, 04.93.24.18.93, www.tourrettessurloup.com

Villefranche-sur-Mer: Jardin François Binon, 04.93.01.73.68, www.tourisme-villefranche-sur-mer.com

Villeneuve-Loubet: 16 av. de la Mer, 04.92.02.66.16, www.villeneuve-tourisme.com

Restaurants

La gastronomie fait partie des attraits culturels de la France et de la Côte d'Azur, qui dispose d'un nombre impressionnant de res-

La Closerie par Christian Cottard.

taurants, incluant de nombreuses tables gastronomiques. Il est possible d'y vivre des expériences culinaires inoubliables. Mais attention, la Côte d'Azur est une destination touristique importante et l'on y trouve aussi beaucoup de restaurants de piètre qualité. Méfiez-vous des établissements qui proposent de longs menus multilingues: il s'agit souvent de plats surgelés ou en boîtes de conserve sans intérêt. Il vaut mieux privilégier les restaurants où la carte est plus restreinte.

Les Français parlent du «petit déjeuner» pour désigner le repas du matin, du «déjeuner» pour le repas du midi et du «dîner» pour le repas du soir. Les restaurants ne font généralement pas de service continu; les cuisines sont fermées entre 14h et 19h, sauf dans les quartiers touristiques. Dans certains bistros et cafés, vous pourrez néanmoins commander un sandwich ou une planche de charcuteries/fromages durant cette période. À noter que plusieurs restaurants sont fermés les dimanche et lundi.

Les tarifs indiqués dans ce guide s'appliquent à un repas complet pour une personne, sans les boissons.

€	moins de 20€
€€	de 20€ à 30€
€€€	de 31€ à 45€
€€€€	plus de 45€

Santé

Aucun vaccin n'est exigé pour entrer en France. Les soins de santé y sont excellents et rapides. Si les personnes couvertes par un régime d'assurance maladie européen bénéficient souvent d'un accord permettant de prendre en charge leurs dépenses de santé, les visiteurs en provenance d'un autre continent doivent se munir d'une assurance voyage. Il est généralement possible d'obtenir un rendez-vous chez un médecin dans la journée, et le coût d'une consultation pour un généraliste peut varier de 25€ à 75€.

Sécurité

Les touristes constituent une cible de choix pour les pickpockets. Sans pour autant développer une méfiance excessive, soyez sur vos gardes car ils peuvent se révéler d'une efficacité redoutable! Surtout, ne mettez pas au même endroit votre argent et vos cartes bancaires et ne laissez pas vos effets sans surveillance, même pour quelques secondes, tout spécialement lorsque vous allez à la plage.

En voiture, il est recommandé de verrouiller les portières même lorsque vous roulez et de ne rien laisser dans votre voiture lorsque vous vous stationnez. Dans le cas d'une voiture à hayon, nous vous conseillons même de bien montrer que le coffre est vide, en retirant la tablette (plage arrière) lorsque vous vous garez dans la rue durant la nuit.

Mis à part ces recommandations, la Côte d'Azur est une région sûre où l'on peut déambuler en toute sécurité et où les quartiers à éviter sont situés à l'extérieur des zones touristiques. Si toutefois vous jouez de malchance, n'oubliez pas que le numéro de secours est le **112**.

Taxes

Tout comme ailleurs en Europe de l'Ouest, les prix affichés incluent les taxes (TVA).

Télécommunications

Pour téléphoner en France depuis le Québec, il faut composer le 011 33, puis le numéro de votre correspondant en omettant le premier 0. Pour joindre le Québec depuis la France, il faut composer le 001, l'indicatif régional et finalement le numéro.

Pour téléphoner en France une fois sur place, faites tout simplement le numéro de 10 chiffres commençant par 01 (Paris et Île de France), 02 (Nord-Ouest), 03 (Nord-Est), 04 (Sud-Est) ou 05 (Sud-Ouest). Les numéros de téléphones portables commencent par 06. Pour téléphoner en Belgique, composez le 00.32, puis le numéro. Pour appeler en Suisse, faites le 00.41 et le numéro de votre correspondant.

Visites

Le Comité Régional du Tourisme et le Département des Alpes-Maritimes ont créé la **Côte d'Azur Card** *(www.cotedazur-card.com)*, qui permet de profiter d'une foule d'attraits et d'activités dans toute la région. Cette carte fonctionne en formule «Pass Culture» *(25€ à 40€)* ou «Pass Loisirs» *(45€ à 55€)*.

Fête du Citron à Menton.

Calendrier des événements

Janvier à mars

Carnaval de Nice

www.nicecarnaval.com

Pendant deux semaines à partir de la mi-février, un vent de folie souffle sur Nice. Défilé de chars et de 200 «grosses têtes», spectacles d'art de rue et batailles de fleurs envahissent la célèbre promenade des Anglais. Un carnaval d'envergure qui accueille chaque année plus d'un million de participants.

Fête des Violettes

www.tourrettessurloup.com

Le temps d'un week-end, à la fin du mois de février, Tourrettes-sur-Loup célèbre sa fleur emblématique, la violette: marché artisanal, concerts, animations, corso fleuri et bataille de fleurs le dimanche.

Fête du Citron à Menton

www.fete-du-citron.com

En 1934, sous l'impulsion d'un producteur local, le Carnaval de Menton se transforme en Fête du Citron. Depuis lors, de superbes chars décorés d'agrumes défilent le long du bord de mer de la mi-février au début mars, des feux d'artifice sont lancés et des compositions artistiques sont exposées dans les jardins Biovès *(av. Boyer)*.

Les Voiles de Saint-Tropez.

Route du Mimosa
www.routedumimosa.com
De janvier à mars, la route qui s'étend de Grasse à Bormes-les-Mimosas (130 km) se pare de couleur jaune soleil au gré des mimosas en pleine floraison.

Mai

Bravade de Saint-Tropez
www.bravade-saint-tropez.fr
Fête traditionnelle célébrant le saint patron de la ville les 16, 17 et 18 mai.

ExpoRose
mi-mai; www.ville-grasse.fr
Grasse organise chaque année depuis 1970 une exposition internationale de la rose. Plus de 25 000 roses ornent les fontaines et jardins du centre historique. Parcours olfactif, concours de bouquets, ateliers culinaires et d'artisanat.

Festival de Cannes
mi-mai; www.festival-cannes.com
Depuis 1946, Cannes organise chaque année l'un des plus célèbres festivals d'art cinématographique.

Grand Prix de Monaco
mi-mai; www.monaco-grand-prix.com
Le Grand Prix de Formule 1 de Monaco est l'un des plus difficiles du monde.

Juin

Les Étoiles de Mougins
début juin; www.lesetoilesdemougins.com
Démonstrations culinaires à deux ou quatre mains par des chefs locaux et internationaux renommés.

Juillet et août

Festival de Ramatuelle

fin juil à mi-août;
www.festivalderamatuelle.com

Depuis 1985, une belle programmation artistique : de la chanson française à l'humour en passant par le théâtre classique ou contemporain.

Festival International d'Art pyrotechnique de Cannes

www.festival-pyrotechnique-cannes.com

De la mi-juillet à la mi-août, les artificiers du monde entier s'affrontent chaque année devant un public ébahi, installé sur la Croisette ou sur les plages.

Jazz à Juan

www.jazzajuan.com

Chaque année depuis 1960, les célébrités du jazz défilent à Juan-les-Pins pendant la seconde moitié du mois de juillet pour ce fameux festival international de jazz, dans la pinède, face à la mer.

Jazz à Ramatuelle

mi-août; www.jazzaramatuelle.com

Depuis 1986, le Théâtre de verdure de Ramatuelle accueille les amateurs de jazz pour un festival intimiste de grande qualité.

Les Grimaldines

mi-juil à début août; www.les-grimaldines.com

Un festival des musiques du monde, organisé dans le cadre envoûtant du Château de Grimaud depuis 2003.

Nice Jazz Festival

mi-juil; www.nicejazzfestival.fr

Ce festival accueille les plus grands noms du jazz depuis 1948.

Nuits Auréliennes

mi-juil à fin juil; www.frejus.fr

Le rendez-vous des amateurs de théâtre dans un lieu magique : le Théâtre romain de Fréjus, qui retrouve alors sa vocation festive.

Nuits musicales du Suquet

mi-juil; www.cannes.com

Depuis plus de 40 ans, les mélomanes et artistes de renom se donnent rendez-vous sur les hauteurs du Suquet. Un cadre idyllique face à la baie de Cannes (golfe de La Napoule) pour assister à des concerts de musique classique.

Septembre et octobre

Les Voiles de Saint-Tropez

www.lesvoilesdesaint-tropez.fr

Plus de 300 bateaux modernes et traditionnels se réunissent afin de participer à l'une des régates les plus prestigieuses du monde.

Ultra Trail Côte d'Azur Mercantour

www.utcam06.com

Une course d'ultrafond de 130 km entre Nice et Saint-Martin-Vésubie, avec un dénivelé positif de 10 000 m et un dénivelé négatif de 9 000 m.

Corniche de l'Estérel.

index

A

B

C

D

E

F

G

H

I

J

K

L

M

N

O

P

R

S

T

U

V

Z

Monaco.

Crédits photographiques

p. 4 © iStockphoto.com/sorincolac; p. 6 © iStockphoto.com/monticelllo; p. 8 © iStockphoto.com/Allard1; p. 8 © iStockphoto.com/davidevison; p. 8 © Shutterstock.com/Joan Quevedo Fle; p. 8 © iStockphoto.com/RAndrey; p. 9 © iStockphoto.com/travenian; p. 9 © Dreamstime.com/David Pillow; p. 9 © Shutterstock.com/LiliGraphie; p. 9 © iStockphoto.com/rglinsky; p. 9 © iStockphoto.com/Tramont_ana; p. 9 © Dreamstime.com/Pasc06; p. 11 © iStockphoto.com/Flavio Vallenari; p. 13 © iStockphoto.com/LiliGraphie; p. 15 © Sarah Meublat; p. 17 © Sarah Meublat; p. 18 © iStockphoto.com/Paolo Pantaleo; p. 19 © Dreamstime.com/Guy Rouget; p. 20 © Dreamstime.com/Mariba36; p. 21 © iStockphoto.com/rakoons; p. 22 © iStockphoto.com/Peter Bates; p. 23 © iStockphoto.com/rglinsky; p. 24 © iStockphoto.com/SabinaS; p. 25 © Shutterstock.com/Arndale; p. 26 © Sarah Meublat; p. 29 © iStockphoto.com/Steve Grove; p. 33 © Shutterstock.com/ansharphoto; p. 35 © Pierre Turtaut; p. 36 © Dreamstime.com/Saiko3p; p. 38 © Dreamstime.com/Lucian Milasan; p. 38 © Dreamstime.com/Joe Sohm; p. 40 © Dreamstime.com/Veniamin Kraskov; p. 43 © iStockphoto.com/sorincolac; p. 47 © iStockphoto.com/Onnes; p. 48 © Shutterstock.com/Cristian Balate; p. 49 © iStockphoto.com/Milena Pigdanowicz-Fidera; p. 51 © Dreamstime.com/Aselia Noruzbaeva; p. 52 © iStockphoto.com/Faabi; p. 55 © Shutterstock.com/Inu; p. 56 © iStockphoto.com/xbrchx; p. 58 © Dreamstime.com/Sergio Pazzano; p. 59 © Shutterstock.com/stifos; p. 60 © Shutterstock.com/Inu; p. 62 © Claude Morneau; p. 63 © Dreamstime.com/Rostislav Glinsky; p. 64 © Dreamstime.com/Prestong; p. 66 © Dreamstime.com/Euphotica; p. 69 © iStockphoto.com/SurkovDimitri; p. 73 © Dreamstime.com/Aigarsr; p. 75 © Dreamstime.com/VanderWolfImages; p. 77 © iStockphoto.com/gyro; p. 79 © iStockphoto.com/RolfSt; p. 83 © Shutterstock.com/Laborant; p. 85 © Shutterstock.com/Margarita Hintukainen; p. 87 © iStockphoto.com/andrzej63; p. 89 © iStockphoto.com/rglinsky; p. 90 © iStockphoto.com/Razvan; p. 94 © Shutterstock.com/Kiev.Victor; p. 95 © Shutterstock.com/Kiev.Victor; p. 97 © iStockphoto.com/x-drew; p. 98 © iStockphoto.com/badboy06; p. 101 © iStockphoto.com/trabantos; p. 103 © iStockphoto.com/stocknshares; p. 104 © Sarah Meublat; p. 105 © Sarah Meublat; p. 106 © Shutterstock.com/trabantos; p. 110 © Sarah Meublat; p. 112 © Shutterstock.com/GLF Media; p. 114 © iStockphoto.com/cavallapazza; p. 116 © iStockphoto.com/bbsferrari; p. 119 © iStockphoto.com/AWelshLad; p. 123 © Dreamstime.com/Davide Romanini; p. 124 © Sarah Meublat; p. 125 © iStockphoto.com/cavallapazza; p. 127 © Sarah Meublat; p. 128 © iStockphoto.com/Aleh Varanishcha; p. 129 © Shutterstock.com/Roka; p. 131 © Sarah Meublat; p. 132 © Shutterstock.com/Boris Stroujko; p. 134 © iStockphoto.com/bbsferrari; p. 136 © Berthold Werner [CC BY-SA 3.0 (https://creativecommons.org/licenses/by-sa/3.0)]; p. 139 © iStockphoto.com/lucentius; p. 143 © iStockphoto.com/andrzej63; p. 144 © Shutterstock.com/ZM_Photo; p. 145 © iStockphoto.com/trabantos; p. 146 © Louise Gaboury; p. 148 © iStockphoto.com/trabantos; p. 149 © Dreamstime.com/Valeale2014; p. 150 © Shutterstock.com/Andreas Jung; p. 152 © iStockphoto.com/Aleh Varanishcha; p. 155 © flickr.com/jareiwang/9682094953 (CC BY 2.0); p. 156 © iStockphoto.com/NAPA74; p. 158 © iStockphoto.com/Gregory_DUBUS; p. 161 © iStockphoto.com/Flavio Vallenari; p. 162 © iStockphoto.com/maniscule; p. 165 © iStockphoto.com/davidevison; p. 169 © Dreamstime.com/Guy Rouget; p. 170 © iStockphoto.com/lucentius; p. 171 © Sarah Meublat; p. 173 © Shutterstock.com/Marina VN; p. 174 © Shutterstock.com/TravelKiwis; p. 175 © iStockphoto.com/benslimanhassan; p. 177 © iStockphoto.com/AlexanderNikiforov; p. 178 © iStockphoto.com/sam74100; p. 179 © Shutterstock.com/Eleonora Scordo; p. 181 © iStockphoto.com/Flavio Vallenari; p. 183 © iStockphoto.com/JakaZvan; p. 184 © iStockphoto.com/herraez; p. 186 © Dreamstime.com/Vadim Khomyakov; p. 189 © Dreamstime.com/Robert Zehetmayer; p. 190 © iStockphoto.com/IvanBastien; p. 191 © iStockphoto.com/fullempty; p. 193 © Dreamstime.com/Bunyos; p. 194 © Shutterstock.com/Inu; p. 196 © iStockphoto.com/Nickos; p. 198 © iStockphoto.com/Maui01; p. 201 © Claude Morneau; p. 203 © iStockphoto.com/rglinsky; p. 205 © iStockphoto.com/IR_Stone; p. 207 © iStockphoto.com/gianliguori; p. 209 © Sarah Meublat; p. 211 © iStockphoto.com/Faabi; p. 212 © Shutterstock.com/SergeyP; p. 214 © iStockphoto.com/trabantos; p. 222 © iStockphoto.com/trabantos

Poursuivez votre exploration avec les guides Ulysse ***Fabuleuses Provence et Côte d'Azur*** et ***Explorez Marseille et la Provence***.